Annika Engemann

Vollzeitreisende

Wie man trotz 40-Stunden-Job um die Welt reist

Annika Engemann

Vollzeitreisende

Wie man trotz 40-Stunden-Job um die Welt reist

Rediroma-Verlag

Bibliografische Information der Deutschen Nationalbibliothek:
Die Deutsche Nationalbibliothek verzeichnet diese Publikation in der Deutschen Nationalbibliografie; detaillierte bibliografische Daten sind im Internet über http://portal.dnb.de abrufbar.

ISBN 978-3-98527-032-3

Umschlagillustration: Annika Engemann

www.rediroma-verlag.de
16,95 Euro (D)

Inhalt

Einleitung

Noch so ein Reisebuch mit einer Weltreise in nur 10 Tagen, spektakulären Abenteuern und verrückten Essensgewohnheiten? Mitnichten!

Ich stelle mich mal kurz vor: Ich bin eine ganz normale junge Frau, auch wenn meine Familie und mein Mann Kai das definitiv anders sehen und mich oft für verrückt halten. Ich habe meine Schullaufbahn halbwegs gut gemeistert, eine Ausbildung gemacht und anschließend berufsbegleitend studiert, während ich Vollzeit gearbeitet habe. Ich war mit 23 Jahren fertig mit dem Studium und dem Pauken. Ansonsten spiele ich leidenschaftlich gerne Fußball, fahre Snowboard und spiele Klavier. Ich fahre Motorrad und gehe wandern, manchmal auch 55 Kilometer am Stück. Alles nicht so unnormal, wie ich finde. Auch wenn meine Schwiegermutter das bei unserem ersten Treffen sicherlich anders sah. Aber wie bin ich zum Reisen gekommen und speziell zum Abenteuer?

Es gab keinen Punkt in meinem Leben, an dem ich gesagt habe: „Ab jetzt bin ich Abenteuerin und bereise die Welt!". Schuld an meiner Reiselust haben sicherlich auch meine Eltern, die mir und meinem zwei Brüdern in unserer Kindheit eigentlich jedes Jahr das Reisen ermöglicht haben. Während es hauptsächlich Wander- und Skiurlaube in Europa waren, ging es anlässlich eines runden Geburtstags 2010 zum ersten Mal über den großen Teich, nach Amerika! Mit 15 Jahren konnte ich also zum ersten Mal die Reiselust spüren und lernte das Reisen Schritt für Schritt lieben. Anfangs mit der Familie, später allein und nun oft mit meinem Ehemann Kai.

Obwohl wenn meine Eltern über meine Reiseziele oft stöhnen und sich vielleicht wünschen, dass ich einfach mal eine Pauschalreise nach Mallorca unternehme (was auch schon vorgekommen ist), sind sie glaube ich auch stolz auf mich und unterstützen mich in all meinen Plänen. Möglicherweise, weil sie nicht anders sind. Auch sie streben nach Freiheit.

Im Rahmen der damaligen Möglichkeiten waren auch sie in jungen Jahren reisebegeistert. Wären meine Eltern in der heutigen Zeit aufgewachsen, würden sie die Vorzüge des Reisens und die im Vergleich niedrigen Preise für Flugreisen sicher ähnlich nutzen wie ich und nicht nur mit einem alten Mercedes mit drei Kindern vollgepackt in die bayrischen Alpen oder an die Nordsee fahren, wie es in den 70er- und 80er-Jahren Gang und Gebe war. Diese Art von Reisen hat natürlich auch seinen Charme und früher gab es oft keine andere Möglichkeit.

Aber warum ist der Drang nach Abenteuer, unberührter Natur und anderen Kulturen bei mir so groß? Ich möchte die Welt erkunden, auch wenn die zur Verfügung stehende Zeit in meinem Alltag begrenzt ist. Während andere ihre Urlaubstage während des berufsbegleitenden Studiums für intensive Lernphasen nutzten, was ich manchmal besser hätte auch tun sollen, war und bin ich in der Welt unterwegs und erlebe ein Abenteuer nach dem anderen.

Ob das der richtige Weg ist, kann ich nicht beantworten. Aber es ist mein persönlicher Weg, um die Welt und ihre Menschen, die Natur und ihre Lebewesen zu verstehen und um ein anderer Mensch zu werden mit all den Eindrücken von den verschiedenen Kulturen.

In diesem Buch werden keine extremen Abenteuer oder Weltreisen beschrieben. Aber es ist eine lange Weltreise über mehrere Jahre im Rahmen der Möglichkeiten einer jungen, in Vollzeit arbeitenden Frau, der die ganze Welt offensteht.

„IRGENDWANN…"

Kennt ihr das, wenn eure Freunde, Arbeitskollegen oder Familienmitglieder einen Satz mit diesem Wort anfangen?

"IRGENDWANN möchte ich einmal an das andere Ende der Welt reisen."

"IRGENDWANN mache ich einmal einen Fallschirmsprung."

"IRGENDWANN besteige ich einen 6000er."

„IRGENDWANN schwimme ich mit Delfinen."

Aber warum warten wir so lange, bis wir es wirklich IRGENDWANN einmal tun? Wieso gehen wir unsere Träume und Wünsche nicht schon viel eher an? Gibt es immer etwas, was einem im Weg steht und uns davon abhält, unsere Träume zu verwirklichen? Wenn man in ein paar Jahrzehnten im Altersheim sitzt und sich gegenseitig die Erlebnisse seiner Vergangenheit erzählt, bleibt es da bei diesem „Irgendwann" oder "Hätten wir doch damals dies und jenes unternommen, als wir jung waren"?

Für mich unvorstellbar! Deshalb nutze ich alle Chancen, die unseren Großeltern und Eltern teilweise verwehrt wurden und die wir in der heutigen Zeit als junge Menschen haben. Wir leben trotz einiger Ausnahmen in einer so freien Welt, dass man auch als junge Frau allein reisen kann ohne um sein Leben fürchten zu müssen. Meine 95-jährige Oma ist in ihrem Leben noch nie geflogen. Dafür hat sie andere Erfahrungen in ihrer Kindheit und Jugend machen müssen, die mit Krieg, Hunger, Ungewissheiten und Diktatur zu tun hatten.

Ich bin sehr froh, dass ich diese Erfahrungen nicht machen musste, ich frei reisen kann, keine Angst haben muss allein in der Welt unterwegs zu sein und meine Träume leben kann. Wir sollten stolz darauf sein, was unsere Großeltern, Eltern und Freunde aus anderen Ländern in Bezug auf Freiheit und Gerechtigkeit geschafft haben und diese Vorlagen nutzen, um die Welt zu einem besseren Planeten zu machen. Auch wenn die Welt nicht perfekt ist, es noch viel zu viel Leid, Hunger und Gewalt auf dieser Erde gibt, sind wir, wie ich finde, auf einem guten Weg. Wenn wirklich jeder auf seinen Einfluss achtet, wir Rücksicht zu nehmen lernen und die Natur und Tierwelt schützen, können wir viel bewirken.

Deshalb habe ich das „Irgendwann" aus meinem Wortschatz verbannt. Dafür wird meine Liste der Dinge, die ich unbedingt einmal erleben möchte, umso länger. Kein Grund also für Langeweile. Es gibt noch so viel zu entdecken auf dieser Welt! Die Zeit ist begrenzt, also lasst uns gemeinsam die Welt erleben, neue Freundschaften schließen, Kulturen kennenlernen, über unsere Grenzen gehen und manchmal auch Angst vor dem Ungewissen haben!

Die Angst spielt beim Reisen eine große Rolle. Natürlich hatte ich insbesondere bei meinen Alleinreisen Angst. Angst vor Flugverspätungen, Angst vor gesundheitlichen Problemen oder Angst vor Verständigungsproblemen. Aber durch diese Angst bin ich gleichzeitig in meiner Persönlichkeit gewachsen. Ich bin selbstbewusster geworden und fühle mich bei Fremden wohl. Dank der oft großartigen Gastfreundschaft, die ich bei meinen Reisen erfahren durfte, fühlte ich mich nie fremd, sondern fast schon zuhause. Die vorige Angst war daher meist vollkommen unbegründet.

Immer wenn ich meinen Eltern oder Freunden von meinen Reiseplänen, vom Motorradführerschein oder sonstigen Entscheidungen erzählt habe, konnte ich viel Unmut, Unverständnis und Besorgnis heraushören. Dafür habe ich, auch wenn ich dies sehr ernst nehme, wenig Verständnis. Denn ich lebe mein Leben so, wie ich es möchte, habe meinen eigenen Kopf mit diversen, vielleicht auch manchmal ungewöhnlichen Entscheidungen. Aber ich kann später nicht sagen, dass ich „Irgendwann einmal" dies oder jenes erleben wollte, es aber nun mit 80 Jahren zu spät sei. Wer weiß, wie lange Zeit einem im Leben bleibt. Die Zeit zum Erleben ist auf jeden Fall begrenzt. Das sollte man sich immer wieder in Erinnerung rufen, wenn doch irgendetwas Belangloses gegen eine persönliche Entscheidung, beispielweise zu einer Reise, spricht.

Warum ich mich entschlossen habe, dieses Buch zu schreiben? Vielleicht ein Stück weit, um Mut zu machen. Um den Leuten da draußen zu zeigen, dass alles möglich ist, man sich nicht immer hinter „Ich habe keine Zeit zu reisen" verstecken sollte und damit die schönsten Dinge dieser Erde zu verpassen – deren Vielfalt, Einzigartigkeit und Herzlichkeit, die ich auf all meinen Reisezielen bislang erfahren durfte.

Ein Sprichwort, was mir sehr gefällt lautet: „Reisen ist ein guter Weg, Geld auszugeben und trotzdem reicher zu werden". Ich brauche nicht die neuesten Smartphones oder den größten Fernseher. Was zählt sind die Begegnungen mit den Menschen, die Angst, die man spürt, wenn mal etwas schiefläuft oder die atemberaubende Natur, die mir so viel mehr gibt als die neueste Technik, die nach einigen Wochen schon wieder veraltet ist. Die Erlebnisse und Erinnerungen veralten eben nicht.

Was mich für lange Zeit glücklich macht, sind die zahlreichen Reisegeschichten, die ich in diesem Buch beschreibe. Die lachenden Kinder in Tansania, die so viel weniger haben als ich in meiner Kindheit, die Schönheit der Natur auf der ganzen Welt oder die Freunde, die ich auf meinen Reisen gefunden habe. Die Freundschaften halten oft für lange Zeiten.

Darüber hinaus habe ich als Kind bereits eine blühende Fantasie gehabt, dutzende von eigenen kleinen Geschichten geschrieben und super gerne gelesen. Die Bücherei war mein bester Freund, aus der ich jede Woche einen Beutel Bücher mit nach Hause nahm, die dann schnell gelesen werden mussten. Als ich noch nicht lesen konnte, las meine Mutter mir vor dem Einschlafen oft vor. Auch das hat mich sehr geprägt. Klar also, dass ich später in meinem Beruf mit den Medien zu tun haben würde. Bücher sind seit frühester Kindheit mein treuer Begleiter. Als jemand, der „irgendwas mit Medien“ studiert hat, kenne ich mich auch ganz gut im Buchhandel aus.

Ein Traum, den ich seit der frühesten Kindheit habe, ist daher ein Buch zu schreiben. Wie viele Geschichten ich früher mit der Hand geschrieben und meinen Eltern vorgelesen habe. Geschichten über Fabeltiere, Fußballteams oder gar eigene Fortsetzungen, meine Fantasie war grenzenlos. Bestimmt ist der Keller in meinem Elternhaus immer noch prall gefüllt mit den Geschichten, die ich mir damals ausgedacht habe.

Bücher und Geschichten, fiktiver oder realer Art, sind also seit frühester Kindheit ein fester Bestandteil in meinem Leben. Der Traum eines eigenen Buches ist mir hiermit in Erfüllung gegangen, du hältst meinen Traum in deinen Händen. Dies ist das Ergebnis einer langen Reise.

Ein Buch voller Geschichten zu den Wundern auf dieser Welt, Anekdoten und Träumen, die in Erfüllung gegangen sind. Die Erlebnisse meiner Reisen über die ganze Welt habe ich zusammengefasst, mich an die witzigsten Geschichten erinnert und mein handgeschriebenes Reisenotizbuch durchforstet. Man vergisst nämlich nach einiger Zeit immer gewisse Einzelheiten und Gefühle, die dank dem kleinen Reisetagebuch nachträglich erlebbarer werden. Dank dieser Erinnerungen und Notizen konnte ich das Buch verfassen. Ich wünsche dir viel Spaß beim Lesen und nehme dich mit auf meine Reise.

Wie funktioniert eine Weltreise in Teilzeit?

Meine Weltreise, die über mehrere Jahre und Stationen läuft, habe ich liebevoll „Weltreise in Teilzeit" genannt. Als mich die Reiselust so richtig packte, war ich gerade mit dem Abitur fertig und begann eine Ausbildung als Medienkauffrau Digital und Print (Generation: „Irgendwas mit Medien"). Zu dieser Zeit eine Auszeit zu nehmen, um die Welt zu bereisen – unmöglich. Zumindest dann, wenn man einen genauen beruflichen Plan hat wie ich.

Es gibt auch die Typen Mensch, die dann alles abbrechen würden, sich ein Flugticket um die Welt buchen und neu anfangen. Der Typ bin ich garantiert nicht. Immer auf Sicherheit aus, das Leben schon mit 16 Jahren quasi durchgeplant, das bin definitiv ich. Vielleicht ist vieles von der Gesellschaft vorgegeben. Bloß keine Lücke im Lebenslauf hinterlassen. Das könnte ja schlecht ankommen. Manchmal stehe ich mir durch mein durchstrukturiertes Leben selbst im Weg. Mein Mann ist ein sehr spontaner Mensch, sodass es hier oft Meinungsverschiedenheiten gibt. Aber so ist das nun einmal. Spontan sein muss auch gelernt sein, zumindest für mich.

Obwohl ich ein relativ konservativer und festgefahrener Mensch bin, breche ich manchmal daraus aus. Ich liebe Herausforderungen. Früher dachte ich, dass Veränderungen einfach nichts für mich sind. Alles sollte so bleiben wie es war, da es ja schließlich gut funktionierte. Mittlerweile weiß ich, dass ich Veränderungen in meinem Leben brauche. Neue Gewohnheiten erlernen machen meinen Kopf frei und offen für das Neue. Ich kann trotzdem konservativ sein, aber gleichzeitig Veränderungen annehmen und sogar einfordern.

Die spontane Weltreise nach dem Abitur trotz festem Ausbildungsplatz fiel also aufgrund meines festen beruflichen Plans raus. Trotzdem nutzte ich die Zeit während und nach meinem Abitur für diverse kleine Projekte. So gewann ich bei einer Verlosung eine Reise nach Sölden, um an einem Snowboardcamp teilzunehmen. Niemals hätte ich damit gerechnet, mit meinen gerade 18 Jahren und ein paar Jahren Snowboarderfahrung mit einer Olympia-Silbermedaillengewinnerin Snowboard zu fahren. Dazu kam die erste kurze Reise alleine mit der Bahn nach Sölden. Dafür, dass ich ansonsten bei Verlosungen und Gewinnspielen immer Pech habe, hatte ich hier wirklich Glück gehabt und neben der Reise ein unvergessliches Erlebnis gewonnen.

Zudem folgte nach meinem Abitur eine Reise nach Ungarn zu einer Austauschschülerin, die ich fünf Jahre zuvor während eines Schüleraustausches kennengelernt hatte. Noch immer sind wir regelmäßig in Kontakt. Die Zeit während, beziehungsweise nach meinem Abitur war eine Zeit zum Genießen und Träumen. Nach dieser Zeit wurde mir immer stärker bewusst, dass der Drang nach Freiheit in mir schlummert und mir die Welt offensteht. Leider war die Freizeit irgendwann auch wieder vorbei und der Ausbildungsstart rückte näher.

Ich begann meine Ausbildung in einem Zeitungsverlag in Essen, las nebenbei dutzende Reisebücher und schrieb mir eine To-Do-Liste mit den Reisezielen, die ich unbedingt sehen möchte. Fernweh pur. Nach ersten kleineren Alleinreisen und dem Beenden der Ausbildung Anfang 2016, stürzte ich mich auch noch in ein berufsbegleitendes Studium „Medienwirtschaft und Medienmanagement" neben dem Beruf als „Ad Manager" im Medienunternehmen. Also hieß es ab jetzt fast jeden Samstag den ganzen Tag in der Uni sitzen und studieren. Zudem spiele ich seit meinem vierten Lebensjahr Fußball und war somit jeden Sonntag und dreimal die Woche zum Training ausgebucht. Dazu kommen noch Hobbys, wie Klavierspielen, Motorrad fahren oder Snowboarden. Ob ich meinen Freund damals oft gesehen habe? Beantwortet sich von allein.

Wie soll man mit diesem Terminplan und trotz 40-Stunden-Job um die Welt reisen? Funktioniert, kann ich euch sagen. Mit gutem Zeitmanagement, Disziplin und Ehrgeiz kann man auch mit dem engen Zeitplan eine Menge Reisen. Alle Feiertage bestmöglich ausnutzen, möglichst abends und nachts fliegen, um einen Urlaubstag zu sparen und jegliche Wochenenden ausnutzen, damit gewinnt man schon einmal einige potenzielle Reisetage mehr. Aus 30 Urlaubstagen werden dann vielleicht 40, wenn man gut und effizient plant.

Als frische Vollzeitbeschäftigte machte ich meine erste große Reise im August 2016 nach Australien. Na klar, gleich bis ans Ende der Welt! Wenn Weltreise dann richtig, dachte ich mir und machte mich allein auf in die große weite Welt. Die einzelnen Beschreibungen meiner Reisen findet ihr in den folgenden Kapiteln.

Warum ich meist allein durch die Welt reise? Na ja, ganz allein bin ich ja nicht. Immer an meiner Seite ist mein Kuscheltier Kängi, das mich seit meiner Geburt begleitet, mir Beistand gibt und immer mit auf Reisen geht. Spaß beiseite. Ich würde sagen, es hat sich einfach so ergeben. Mein

Freund steckte damals noch im Studium, meinen Eltern waren meine Reisen meist zu verrückt und zu weit und eine/n Freund/in habe ich auch nicht für meine Reisevorhaben gewinnen können. Also allein raus in die Welt.

Alleinreisend gibt es so manche Vorteile. Man muss nicht auf andere Rücksicht nehmen, kann sich seinen Plan ganz allein machen und sucht sich seine Restaurants selbst aus. Es gibt keinen Streit, außer manchmal mit seinem eigenen Ich. Dafür muss man sich natürlich um alles selber kümmern, hat keine andere Meinung bei schwierigen Entscheidungen und muss sich auf sich selbst verlassen.

Auf meinen Reisen in ferne Länder habe ich meinen Freund und jetzigen Ehemann natürlich sehr vermisst. Insbesondere wenn man Abenteuer für die Ewigkeit erlebt, die schönste Natur vor sich hat oder sich einfach nur kurz austauschen will, aber keinen Handyempfang hat. Wie schön wäre es, diese Momente mit jemandem zu teilen? So gut es geht, habe ich natürlich meine Familie und Freunde über SMS oder die sozialen Medien auf dem Laufenden gehalten. Auf einigen meiner Reisen gab es aber eben für einige Tage keinerlei Handyempfang, sodass ich mit meinen Gedanken und Erlebnissen allein klarkommen musste. Für mich sind die Reisen, die ich allein unternommen hat, eine kleine Reise zu mir selbst. Ich muss mich allein in der Welt zurechtfinden, auch mal fremde Leute ansprechen, die mich nicht verstehen oder Entscheidungen ganz allein treffen.

Keineswegs einfach, aber auch Überwindung. Ich würde jedem raten, auch mal allein zu verreisen. Es ist doch etwas Anderes, als wenn man seinen Partner oder Vertrauten an seiner Seite hat und sich jederzeit austauschen kann über das Erlebte. Außerdem war ich auf meinen Reisen nie ganz allein. Ich konnte auf die Einheimischen vertrauen, mich mit anderen Reisenden austauschen und wenn ich doch mal Hilfe benötigte, hatte ich meist keine Probleme jemanden für mein Problem zu finden. Oft habe ich sogar mehr Hilfe erhalten, als ich gedacht hätte.

Nach der Australien-Reise war mein Reisefieber vollends gepackt! Jede freie Stunde wurde mit der Reiseplanung verbracht, um möglichst viele Urlaubstage in meinen Terminkalender und zwischen Semesterferien, Weihnachtsfeiern und der Fußball-Sommerpause zu packen. Im Januar 2017 folgte dann eine weitere Fernreise mit meinen Eltern nach Curacao. Einmal nicht Alleinreisende, aber trotzdem ein super Abenteuer!

2017 war ohnehin mein absolutes Reisejahr. Neben Curacao und einer Wohnmobilreise durch Österreich und Italien stand im November das Highlight Nepal an: Meine erste Wanderexpedition zum höchsten Berg der Welt! Spätestens nach dieser Reise war trotz aller Strapazen die sprichwörtliche „Wanderlust“ gepackt. Fernweh gepaart mit Wanderfreude, eine gute Mischung für viele weitere spannende Expeditionen. Kaum wieder daheim plante ich schon die nächste Wandertour. Im folgenden Jahr sollte es zum Kilimanjaro nach Tansania gehen! Jedes Jahr eine andere Fernreise, wie ist das trotz meines eng getakteten Zeitplans möglich?

Die Antwort liegt in guter Organisation, optimaler Ausnutzung der klausur- und studienfreien Zeit und Sparen. Denn dadurch, dass ich mehrmals im Jahr Urlaub in fernen Ländern machte, wurde natürlich auch mein Sparkonto etwas beansprucht. Aber da ich Vollzeit berufstätig war und keine anderen großen Ausgaben hatte, war das auch kein Problem. Zudem bin ich ein Sparfuchs und suche auch mal ein paar Tage lang nach dem besten Preis für einen Flug oder ein Hotel. Die Tricks der Fluganbieter sind mir schon längst bekannt, sodass ich bei diesen Buchungen immer ein paar Euro sparen kann.

Für mich ist dieser Lebensabschnitt perfekt für Fernreisen. Ich bin jung und sportlich, will die Welt entdecken, verdiene Geld und kann meine Reisen selbst planen, da mein Mann ohnehin die meisten Fernreisen nicht mitgemacht hätte. Er begeistert sich nicht für die Wandertouren, von denen ich träume, akzeptiert aber, dass ich auch alleine reise. Das rechne ich ihm hoch an.

Im November 2018 flog ich also allein nach Tansania, ehe es im folgenden Jahr etwa zur gleichen Zeit nach Südamerika ging, genauer nach Patagonien, Argentinien, Chile und Brasilien. 2019 sollte ein gutes Reisejahr werden, da ich mir gemeinsam mit meiner Mutter einen Traum erfüllte und im April nach Kanada reiste, natürlich zum Skifahren! Im April ist es in den kanadischen Skigebieten noch sehr schneesicher, sodass es für uns die perfekte Zeit für eine Skireise nach Kanada war.

Dank meiner vielen Reisen in den letzten Jahren habe ich mir meinen Traum erfüllt und bereiste sechs Kontinente vor meinem 25. Geburtstag, insgesamt 31 Länder und dutzende Kulturen. In Nordamerika bereiste ich Kanada und die USA, in Südamerika Argentinien, Brasilien und Chile, in Afrika Tansania, in Asien Nepal, in Europa dutzende Länder und natürlich Australien. Selbstverständlich habe ich nicht alle Kontinente von Norden nach Süden und von Westen nach Osten bereist. Doch ich habe einen Einblick in die dortige Kultur erhalten, die auf den verschiedenen Kontinenten teilweise doch sehr unterschiedlich sind.

Nordamerika, Südamerika, Afrika, Asien, Australien, Europa - Check! Ihr wisst vielleicht, was noch mein absoluter Traum wäre: Eine Antarktis Expedition! Um auch noch den siebten und letzten Kontinent „abzuhaken“. Aber das wird erstmal hinten angestellt.

Begleite mich auf meiner Reise über sechs Kontinente durch die verschiedenen Länder, begegne den Menschen, die mir auf meinen Reisen ans Herz gewachsen sind und fühle die Reiselust, die mich auch im Alltag stets begleitet.

USA

Unsere Reise mit der ganzen Familie führte uns im März 2010 in den Westen der USA, von Denver über Las Vegas und San Francisco nach Los Angeles. Eine Familie, meine Eltern und einer meiner beiden Brüder, und ein Wohnmobil. Drei Wochen auf engsten Raum mit pubertierenden Teenagern, na wenn das mal gut geht…

Wir Kinder bezahlten die eigenen Flüge selbst, meine Eltern hatten das Wohnmobil ohnehin gebucht. Ich jobbte in einer „Weihnachtsbäckerei" für Kinder, um die Flüge zu bezahlen und hatte sogar noch etwas „Urlaubsgeld" übrig.

Von Denver ging es durch kurvige enge Straßen und atemberaubende Landschaften in Richtung der ersten Sehenswürdigkeit, dem Arches Nationalpark. Hier sind die imposanten Felsbögen das Highlight und man kann schöne Wanderungen unternehmen. Eine Anekdote, die in unserer Familie noch oft erzählt wird, ist das fehlende englische Verständnis meines Vaters. Er meinte, dass wir doch immer auf dem Wanderweg „Stay on trail" bleiben müssten, als wir an einem der Schilder vorbeikamen. Wir schauten ihn ungläubig an, sahen, dass er es nicht als Scherz gemeint hatte und prusteten dann los vor Lachen. Auch Jahre später kommt diese Geschichte auf Geburtstagen oder sonstigen Feiern gerne wieder zur Sprache.

Nachts wurde es im Arches Nationalpark empfindlich kalt und wir hatten sogar noch auf Schnee, sodass wir im Wohnmobil die Heizung anmachen mussten und uns mit dicken Decken einkuschelten.

Weiter ging es an vielen anderen Nationalparks entlang in Richtung Grand Canyon Nationalpark. Der Colorado River bestimmt hier die Landschaft und teilt die Felsformationen förmlich in zwei Hälften. Die Schluchten, die sich vermutlich vor etwa fünf bis sechs Millionen Jahren gebildet haben, lassen den Canyon fast schon unwirklich wirken. Der Grand Canyon ist etwa 450 Kilometer lang und bis zu 1.800 Meter tief. Über den Grand Canyon gibt es keine Brücken, was dem Naturschutz zu Gute kommt. An einigen Stellen kann man die Schichtenabfolgen super erkennen. Die unterschiedlichen Farben der Gesteinsschichten wirken fast so, als ob sie jemand mit Farbe angemalt hat.

Von den vielen Aussichtspunkten kann man die Schönheit dieser Natur sehen. Man sollte beim Fotografieren jedoch aufpassen, dass man nicht zu nah an den Felsrand gerät! Hier soll es schon einige tödliche Unfälle bei der Suche nach dem perfekten Foto gegeben haben. Man kann im Grand Canyon Nationalpark Wanderungen unternehmen, auf Eseln in die Schlucht reiten oder einfach nur die Aussichten genießen. Das Panorama des Grand Canyon hat sich sehr in mein Gedächtnis eingebrannt und ist für mich eines der schönsten Naturwunder unseres Planeten.

Neben dem Grand Canyon hat mich auch das Monument Valley sehr begeistert. Es liegt auf dem Colorado-Plateau an der Grenze von Utah und Arizona im Navajo-Reservat. Dank seiner einzigartigen Tafelberge und bizarren Felsformationen diente es bereits in einigen Filmen als Kulisse für Dreharbeiten. Hier wurden diverse Western und Filme, wie „Spiel mir das Lied vom Tod“ oder „Easy Rider“, gedreht. Das Navajo-Volk ist das zweitgrößte der indianischen Völker der USA. Der Monument Valley Park wird von dem Volk eigenständig verwaltet und bietet einen kleinen Campingplatz, auf dem wir übernachteten.

Im Monument Valley Park kann man auf kleinen holprigen Straßen sogar mit dem Wohnmobil fahren. Zwar sind auf unserer Fahrt durch das unebene Gelände einige Teller und Tassen aus den Schränken gefallen, die mein Bruder und ich gleich wieder einsammelten. Zum Glück war das Geschirr bruchsicher und die Fahrt konnte weitergehen.

Wir sahen viele Kojoten auf dem Weg durch den Park und konnten die verschiedenen Felsformationen und großen Tafelberge bequem aus dem Wohnmobil aus bestaunen. Die Felsen haben fast alle Namen der Ureinwohner erhalten. So gibt es einen „linken" und einen „rechten Handschuh", da die Felsen bei genauerem Hinsehen genau an diesen erinnern. Man kann zudem auch seiner Fantasie freien Lauf lassen und andere Dinge oder Tiere in den Felsformationen erkennen.

An jeder beliebigen Stelle kann man anhalten und die Gegend auch zu Fuß erkunden. Der Park ist im Vergleich zu den größeren Nationalparks recht wenig besucht, sodass man hier fast immer ungestört ist.

Am Parkeingang befindet sich ein kleines Museum des Indianerstammes, welches sehr interessant ist und die verschiedenen Entwicklungsphasen in der amerikanischen Geschichte aufzeigt. Das Monument Valley war für mich das Highlight dieser USA-Reise. Das Panorama wird mir noch lange im Gedächtnis bleiben, da bin ich mir sicher.

Anschließend ging es für uns weiter über Lake Powell nach Las Vegas. Ein Spielertraum wird wahr. Aber auch ohne viel Gewinn ist diese Stadt etwas ganz Besonderes! Da ich noch nicht volljährig war, durfte ich in die „richtigen" Casinos nicht hinein, was ich aber nicht weiter schlimm fand. Einarmige Banditen fand man ohnehin überall. Auch die Hotels boten schon einiges an Abenteuer. Ob Löwen, Klein-Venedig, ganze Achterbahnen durch Hotels oder der Eiffelturm mitten in der Stadt, hier gibt es allerhand zu entdecken. Und Campingplätze mit Pool, wie wir sie am KOA-Campingplatz direkt in Las Vegas gefunden haben, haben doch auch seinen Charme. Die KOA-Campingplätze in den USA sind ohnehin sehr zu empfehlen. Sie sind sehr gepflegt, oft super gelegen, nicht zu teuer und manchmal haben sie sogar einen Pool.

Nach zwei Tagen in der Großstadt fuhren wir in Richtung Death Valley. Hier sollte man genügend Getränke mit sich führen, auch in der vermeintlich kälteren Jahreszeit. Zudem muss der Tank voll sein. Einen Supermarkt oder Tankstellen gibt es hier auf vielen Kilometern nicht. Das Informationscenter bietet allerhand interessante Fakten über das "Tal des Todes". Die unendlich scheinenden Straßen tun ihr Übriges. Aussteigen kann man an den riesigen Salzseen, die ein tolles Fotomotiv abgeben und die Trockenheit der Landschaft perfekt widerspiegeln. Die Weite wird hier erst richtig deutlich. Bis zum Horizont sahen wir einzig nur Salz und Einöde.

Wir übernachteten auf unserer Camper-Tour durch die USA entweder auf Stellplätzen oder Campingplätzen, die wir uns vorher herausgesucht hatten. Oder aber wir suchten uns Baumarktparkplätze oder Tankstellen, an denen wir kostenlos stehen konnten. Weil man nicht jeden Tag die volle Versorgung mit Dusche, Wasserversorgung oder Elektrizität benötigt, da unser Camper ein kleines Bad und einen großen Wassertank hatte, war diese Art des Übernachtungsplatzes definitiv die kostengünstigste Variante. An einem Abend stellten wir uns an einer Tankstelle neben einigen Trucks auf. Die Trucks in den USA sind im Vergleich zu den deutschen LKWs riesig. In unserem für uns geräumigen Camper kamen wir uns daher sogleich sehr klein vor neben den Riesen-Trucks.

Es folgte der Yosemite Nationalpark. Hier sahen wir gigantische Bäume, in denen man sogar Picknick machen könnte! Das sollte man aber dann doch lieber im Wohnmobil oder im Auto verzehren, da überall Warnschilder vor Bären aufgestellt sind. Nicht selten hat es durch vergessene Essensreste schon Bärenangriffe auf den Campingplätzen gegeben. Durch einige Mammutbäume kann man sogar hindurchspazieren. Ein tolles Erlebnis, was man so schnell sicher nicht vergisst. Anfang April war es hier doch noch erheblich kälter, sodass wir im Schnee durch die Mammutbäume spazierten und unsere Winterjacken zum Glück nicht umsonst dabei hatten.

Dann ging es nach San Francisco, bisher meine absolute Lieblingsstadt in den USA! Neben der imposanten Golden Gate Bridge haben mir vor allem die Gefängnisinsel Alcatraz und die Cable Cars gefallen. Die Stadt ist super schön und geht sprichwörtlich auf und ab. Ein Glück, dass es die Cable Cars gibt, die einen bequem über jeden Berg bringen und sehr praktisch sind. Nicht umsonst sind sie bei den Einwohnern sehr beliebt. So muss man nicht jede steile Straße zu Fuß gehen, obwohl die Lombard Street natürlich jeder San Francisco Besucher einmal gegangen sein muss. Einmal mit einem echten Cable Car zu fahren ist in San Francisco ein Muss. Man kann sich einen der schönen alten Wagen aussuchen, einfach aufspringen und wird von den freundlichen Einwohnern San Francisco noch nett angelächelt, eine tolle Stadt!

Anschließend fuhren wir weiter die Küste entlang nach Los Angeles. Klar sind das Hollywood-Sign und der Hollywood-Boulevard ein Highlight, jedoch hatte ich mir von Los Angeles etwas mehr versprochen. Spazieren gehen und die zahlreichen Sterne begutachten ist auch schön, aber mich faszinieren eben eher die Natur und deren Lebewesen als große Städte und Filmikonen. Die Stadt bietet ansonsten nicht viel außer diverse Freizeitparks. Im Disneyland Anaheim muss man natürlich gewesen sein, gerade als Disney-Fan! Da keiner mit mir auf eine etwas wildere Dunkelachterbahn gehen wollte, stellte ich mich mit meinen 15 Jahren allein an und wartete knapp eine Stunde in der Warteschlange. Kurz bevor ich an der Reihe war, hatte die Achterbahn aber einen technischen Defekt und alle Fahrgäste mussten evakuiert werden.

Glück gehabt, dass ich nicht gerade in diesem Moment in der Achterbahn saß, aber jetzt musste ich erstmal meine Familie wiederfinden, die sich schon Sorgen gemacht hatten, da sie nicht erwartet haben, dass ich so lange weg sein würde. Glücklicherweise ging alles gut und wir fanden uns wieder. Nur die Achterbahn konnte ich leider nicht mehr fahren. Im Vergleich zum Pariser Disneyland ist der Freizeitpark in Kalifornien größer und wie ich finde auch schöner. Klar, dass ein Foto mit meinen Disneyhelden dazugehörte.

Von Los Angeles aus kann man schnell und einfach mit einer Bahn in die Stadt Long Beach fahren, die etwa 25 Meilen entfernt liegt. Hier kann man, wie wir, Whalewatching unternehmen oder einfach am schönen Strand liegen. Aber Achtung, der Wellengang ist nichts für schwache Nerven, was mein Vater am eigenen Leibe erfahren musste. Die Hälfte der Touristen auf dem Whale-watching Boot musste sich mehrmals übergeben und sah von den Walen nicht viel. Die dutzenden Wale haben daher nur diejenigen gesehen, denen nicht besonders übel war und die am Deck die großen Meeresbewohner aus nächster Nähe betrachten konnten. Obwohl mir beim Autofahren vor allem als Kind oft schlecht wurde, hatte ich auf der Whale-watching-Tour keinerlei Probleme. Für mich definitiv ein Highlight in diesem Urlaub: Zum ersten Mal in meinem Leben konnte ich Wale aus nächster Nähe beobachten, darunter viele Buckelwale.

Abbildung 1 Monument Valley im Navajo-Reservat

Eine Anekdote, die wir auch nicht so schnell vergessen werden, spielte sich wie folgt ab: Meine Mutter und mein Bruder saßen mit mir auf dem oberen Deck und beobachteten die Wale bei starkem Seegang. Eine ältere Frau mit einem Kakao in der Hand ging gerade die Treppe vom unteren auf das obere Deck hinauf, als eine große Welle das Boot stark zum Schaukeln brachte. Der Kakao ergoss sich komplett auf der strahlend weißen Hose meiner Mutter. Was ein Pech. Wir jedenfalls fanden es sehr lustig und so haben wir auch nach Jahren immer noch diese Geschichte von Walen, Kakao und einer weißen Hose zu erzählen, die meine Mutter später sogar wieder komplett sauber bekommen hat.

-

Ein Jahr später folgte dann eine Reise nach Florida, wieder mit der ganzen Familie und wieder mit dem liebgewonnenen Wohnmobil. Auf der Reise wollte mein Vater seinen 50. Geburtstag feiern. Mittlerweile hatten wir schon etwas Erfahrung im Campen und kannten so einige Tipps und Tricks. Vorher buchten wir bereits einige Campingplätze und ein Hotel für die erste Nacht. Da man ein Wohnmobil in den USA nicht direkt am Tag der Ankunft buchen kann, verbrachten wir die erste Nacht in einem Hotel in Miami. Am nächsten Tag konnten wir das Wohnmobil abholen und uns dort häuslich einrichten. Ein Highlight in Florida ist der Everglades Nationalpark, in dem man Alligatoren beobachten kann. In Miami warten viele tolle Strände und das gewisse Miami-Feeling. Ein super Ort also für einen 50. Geburtstag!

Von Miami aus ging es mit dem Wohnmobil weiter in Richtung Süden, zunächst nach Key West. Über unzählige Brücken fährt man hier dem südlichsten Zipfel der USA entgegen. Von hier ist es nicht mehr weit bis Kuba und bei gutem Wetter kann man die kubanische Insel sogar sehen.

Die Sonnenuntergänge in Key West sind weltberühmt. Einfach nur atemberaubend und an den unzähligen Bars direkt am Strand wunderbar zu genießen. Abends wollten wir mit unserem Wohnmobil am Straßenrand stehen bleiben und übernachten. In den USA ja eigentlich kein Problem.

Durch Jetlag waren wir entsprechend müde und früh am Abend im Bett. So waren wir mehr als überrascht, als es mitten in der Nacht plötzlich am Wohnmobil klopfte. Zunächst warteten wir ab und dachten, dass sich nur ein paar Jugendliche einen Spaß erlaubten, aber als das Klopfen nicht enden wollte, machte mein Vater dann doch die Tür auf. Vor ihm stand ein Polizist. Durften wir hier am Straßenrand etwa nicht für eine Nacht parken? Oder haben wir sonst etwas falsch gemacht? In den USA als deutsche Touristen weiß man ja nie!

Aber nichts von all dem. Der Polizist wollte uns nur mitteilen, dass unser Licht am Wohnmobil noch an war und uns die Batterie leer zieht. Also schnell das Scheinwerferlicht am Wohnmobil ausgemacht, uns vielmals beim Polizisten bedankt und weitergeschlafen. Eine wirklich nette Geste des Polizisten, der uns wahrscheinlich so einige Probleme mit einer leeren Batterie am nächsten Morgen erspart hat.

Es ging dann wieder die gleiche Strecke zurück über die vielen Inseln und Brücken in Richtung Everglades Nationalpark. Hier mussten wir unbedingt mit einem Airboat fahren und aus geringer Entfernung Alligatoren in der freien Natur anschauen. Es war schon etwas beunruhigend die gefährlichen Tiere so nah zu sehen, aber super toll. Die ganz Mutigen können sogar einen Baby-Alligator auf den

Arm nehmen und sich mit diesem fotografieren lassen. Das ließ ich mir natürlich nicht nehmen. Ein einzigartiges Erlebnis und das auch noch am 50. Geburtstag meines Vaters.

Ein total schöner Campingplatz liegt in Flamingo direkt im Everglades Nationalpark umgeben von einzigartiger Natur. Doch Achtung! Wer hier abends nochmal schnell die Waschräume aufsuchen muss, sollte sich am besten einen Imkeranzug anziehen, da die Moskitos bestialisch auf einen zufliegen, sobald man nur den Fuß vor die Tür des Wohnmobils setzt. Nach meinem abendlichen Waschgang, der immerhin um die 20 Meter betrug, hatte ich ganze 76 Mückenstiche.

Dann ging es für uns, obwohl mückengeplagt, weiter nach Fort Myers. Die kleine Stadt am Ufer des Caloosahatchee Rivers liegt genau gegenüber der Stadt Cape Coral. Während des amerikanischen Bürgerkriegs fand 1865 die sogenannte Schlacht von Fort Myers statt. Davon zeugen viele Denkmäler und Statuen in der Stadt. Die ersten Siedler ließen sich 1866 an dem seinerzeit bereits aufgegebenen Fort nieder. Wir fuhren anschließend weiter in das etwa 200 Kilometer entfernte Tampa. Nach einer Nacht in der drittgrößten Stadt Floridas ging es weiter nach Orlando, dem Mekka der Freizeitparks.

Natürlich besuchten wir hier wir zwei der vielen Freizeitparks. Da zu dieser Zeit Halloween war, waren die Parks entsprechend gruselig geschmückt. Bei über 30 Grad kam bei mir trotzdem kein richtiges Halloween-Gefühl auf.

Wir fuhren weiter nach Sankt Augustine, die älteste von Europäern gegründete Stadt der USA. Anschließend hielten wir in Daytona Beach. Am Strand stehen viele Grillplätze zur Verfügung. Hier beobachteten wir bei einem

Steak und klassisch amerikanischem „Coleslaw“ die Autos am Strand, die hier ganz legal entlangfahren dürfen. Die Wellen in Daytona Beach sind sehr stark, aber für eine Abkühlung im Meer optimal. Klar, dass wir trotz geringer Wassertemperatur einmal in das Meer springen mussten. Eindecken kann man sich dank Selbstversorgung im Camper ganz einfach bei Walmart oder anderen großen Supermärkten, wo es eine schier unendliche Auswahl an Lebensmitteln gibt. Hier das Passende zu finden kann schon einige Zeit in Anspruch nehmen.

Das Kennedy Space Center liegt nur rund eine Stunde von Daytona Beach entfernt. Hier lohnt es sich, einen Blick in die Welt der Raumfahrt zu werfen. Neben zahlreichen Informationscentern gibt es auch Action, beispielsweise mit einem Raumfahrtsimulator (Achtung: Übelkeit vorprogrammiert!) oder dem Rocket Garden, in dem alte Raketen ausgestellt sind. Man glaubt gar nicht, wie groß diese sind! Für mich war das Kennedy Space Center ein super Einblick in die Welt der Raumfahrt und total faszinierend. Am Straßenrand mussten wir Acht geben, da hier viele Alligatoren an den Ufern lauerten! Also besser einen der vielen Campingplätze der Region nutzen und hier nicht unbedingt am Straßenrand campen.

Nun ging es wieder zurück nach Miami. Hier kann man einen Abstecher in das etwa 40 Kilometer entfernte Fort Lauderdale machen, dem "Venedig Amerikas"! In Fort Lauderdale besuchten wir bei 28 Grad Außentemperatur ein Eishockeyspiel der Florida Panthers. Dumm nur, dass neben mir ein Fan der Gastmannschaft, der Chicago Blackhawks, saß, mit dem ich mich aber gut unterhalten konnte, trotz sprachlicher Unterschiede. Ein tolles Erlebnis für uns als sportbegeisterte Familie, auch wenn uns die amerikanischen Gewohnheiten bei Sportereignissen etwas komisch vorkamen. In jeder der zahlreichen kleinen Pause strömen die „Amis“ zu den Essenständen und kommen meist erst lange nachdem das Spiel wieder angefangen hat, zu ihren Plätzen zurück. Ob sie der Sport wirklich interessiert oder sie nur zum Essen kamen, war uns nicht ganz klar, als wir einsam in der riesigen Arena saßen.

In Miami unternahmen wir eine Schifffahrt entlang der Villen und Ferienhäuser der größten Stars dieser Welt. Wir erfuhren vom Bootsführer wer hier seinen Zweit- oder Drittwohnsitz hat, darunter viele Hollywoodstars, wie Will Smith, und auch einige deutsche Berühmtheiten. Die Häuser haben jeweils einen eigenen Zugang zum Meer mit Bootsanleger und Pool. So lässt es sich aushalten.

Die beiden Reisen mit meiner Familie in die USA haben sicherlich dazu beigetragen, dass meine Reisebegeisterung stetig zunahm und ich die Freiheit der Reise mit dem Wohnmobil seitdem zu schätzen weiß.

Abbildung 2 Die Skyline Miamis

Kroatien

In Kroatien kann man nicht nur wunderbaren Strandurlaub machen, sondern auch Abenteuer in den zahlreichen Nationalparks des Landes erleben.

Empfehlenswert ist der Nationalpark Paklenica und das gesamte Gebirge "Velebit" in der Nähe von Zadar. Im Nationalpark selber, welcher einen geringen Eintritt verlangt, gibt es einige Wanderrouten. Jedoch kann man auch im umliegenden Gebirge zahlreiche Trekkingtouren unternehmen.

Eine Tagestour, die uns von unserer Vermieterin der Ferienwohnung in Biograd na Moru nahegebracht wurde, hat mich und meinen Mann vollends von der Schönheit der kroatischen Natur begeistert!

Mit dem Auto fährt man von Zadar aus etwa 40 Minuten bis zu einem kleinen und unscheinbaren Holzschild auf dem "Parizevacka glavica" steht. Es steht in der Nähe der Stadt Jasenice. Fährt man auf diesem schmalen Schotterweg etwa 600 Meter weiter bis zu einer Lichtung, erreicht man einen tollen Aussichtspunkt mit Blick auf den Canyon und den Fluss Zrmanja.

Das Plateau ist das wohl berühmteste Motiv der Karl May Filme mit Winnetou. Hier wurden Winnetou und Old Shatterhand zu Blutsbrüdern und genau hier stand das Pueblo von Winnetou. In den drei Winnetou-Filmen kommt dem Ort also eine herausragende Rolle zu. Für Winnetou-Fans ein wichtiger Ort und daher ein absolutes Muss. Auch wenn ich zu meiner Schande gestehen muss, dass ich die Winnetou-Filme erst nach unserem Urlaub angeschaut habe, hat mich der Ausblick einfach umgehauen. Hier hätte ich an Winnetous Stelle auch liebend gerne gelebt und jeden Tag den Blick auf die Schlucht und den Fluss Zrmanja genossen.

Und genau hier kann man Jahrzehnte später mit seinem Auto parken und die wunderschöne Aussicht genießen. Zudem ist der Ort touristisch überhaupt nicht erschlossen, sodass keine Eintrittsgelder verlangt werden und man ganz alleine ist. Einzig ein kleines Holzschild macht auf diesen wunderbaren Ort aufmerksam. Ein echter Geheimtipp, von denen ihr in diesem Buch noch einige weitere erhalten werdet. Danke an unsere Vermieterin der Ferienwohnung, die uns diese Tagestour empfohlen und detailliert beschrieben hat. Ansonsten hätten wir diesen wunderbaren Ort nie besucht.

Nach dem Postkartenmotiv fährt man anschließend die gleiche Schotterstraße wieder zurück zur Hauptstraße. Um zu einem weiteren Punkt aus der Filmkulisse von Winnetou zu gelangen, fährt man eine Serpentinenstraße entlang in Richtung Tulove Grede.

Die Straße, die nach einer gewissen Zeit zu einer Schotterpiste wird, ist recht schmal und nur für Schwindelfreie zu empfehlen. Außerdem eignet sich ein kleines Auto für die schmalen Straßen. Dennoch lohnt sich die Aussicht von den Serpentinen auf die nahen Berge und in Richtung Meer.

Nach etwa 45 Minuten erreicht man eine Steinmauer, an der an die Verfilmungen von den Winnetou-Filmen in den 60er-Jahren erinnert wird. Auch die Region um den Tulove Grede wurde in den Filmen oft als Kulisse genutzt. Winnetou starb im Karl May Film genau hier.

Hinter der Steinmauer befindet sich etwas unscheinbar gelegen ein kleiner Parkplatz, um von hier aus zu einer Wanderung aufzubrechen. Festes Schuhwerk ist empfehlenswert, um die Felsen zu erklimmen. Der Tulove Grede ist ein Felsgipfel, der 1.120 Meter hoch ist.

Auf der Wanderung Richtung Gipfel ist es unbedingt wichtig, auf den mit roten Punkten gekennzeichneten Wegen zu bleiben, da das Gebiet stark vermint ist. Nach einer anfänglich gemächlichen Steigung geht es fortan immer steiler bergauf, bis man schließlich ein Plateau erreicht, auf dem man eine kleine Rast einlegen kann.

Anschließend geht es auf felsigen Gelände auf und ab. Dann kann man entweder weiter in Richtung Gipfel klettern oder man macht sich wieder auf den Rückweg auf gleicher Strecke. Für abenteuerlustige Wanderer und Kletterer bietet sich der Weg zum Gipfel an, der aus einigen Kletterpassagen über Geröll besteht. Hierfür sollte man etwas Kondition und Mut mitbringen. Insbesondere an heißen Sommertagen kann die Sonne sehr stark sein und die Kletterei entsprechend anstrengend werden.

Zudem blickt man an einigen Stellen dem Abgrund entgegen und sollte daher trittsicher sein und keine Höhenangst haben. An einigen Stellen sind Drahtseile zur Hilfe montiert. Die Kletterpassagen sind teilweise recht eng und fordern eine gewisse körperliche Fitness. Mit ausreichender Motivation und Gipfelstürmermut klappt aber auch dieser Herausforderung und nach einigen Ab- und Aufstiegen kommt man dem höchsten Punkt auf 1.120 Metern immer näher. 300 Höhenmeter hat man hier überwunden!

Nach etwa einer halben Stunde hat man den Gipfel erreicht und kann die wunderschöne Aussicht auf die umliegenden Berge genießen. Ein klassisches Gipfelkreuz oder gar Gipfelbuch gibt es hier nicht, nur eine Art Stange, die auch von einiger Entfernung gut zu erkennen ist.

Der Abstieg erfolgt auf gleicher Route. Nach insgesamt zweieinhalb Stunden steht man wieder am Ausgangspunkt und kann die Rückreise mit dem Auto fortsetzen.

Nach der kleinen Wandertour kann man anschließend in etwa 20 Minuten in Richtung Muškovci fahren und an dem dortigen großen Wasserfall entspannen. Das Baden ist hier ausdrücklich erlaubt und da das Gebiet hier (noch) nicht touristisch erschlossen ist, kann man ungestört die wunderschöne Natur genießen. In einigen Monaten werden hier Raftingtouren angeboten, die den Fluss Zrmanja entlangführen.

Wer einfach den Wasserfall genießen möchte kann baden und schnorcheln. Die anliegende Liegewiese bietet sich für ein kleines Picknick an. Auch hier waren wir nahezu ungestört, konnten ein paar Stunden wunderschöne Natur in einer tollen Kulisse genießen und unter dem Wasserfall baden gehen.

Anders als beispielsweise im Krka Nationalpark ist das Wasser hier deutlich sauberer und der Besucherandrang geringer. Nur einige wenige Ortskundige haben wir am Zrmanja-Wasserfall getroffen. Zudem ist der Wasserfall vergleichbar mit den Krka-Wasserfällen, wenn auch etwas kleiner. Anschließend kann man mit dem Auto wieder in Richtung Zadar fahren und den schönen, abenteuerreichen Urlaubstag in der Stadt oder am Meer ausklingen lassen.

Am nächsten Tag fuhren wir zu den Plitvicer Wasserfällen, eine etwa zweistündige Fahrt von Zadar aus. Hier gibt es einige Wanderwege, sodass für jeden Wandertyp etwas dabei ist. Zunächst einmal passiert man eine Aussichtsplattform, sobald man den Park betreten hat. Von hier aus hat man bereits eine tolle Sicht auf einige große Wasserfälle. Ein tolles Panorama!

Im Nationalpark gibt es eine Vielzahl von verschiedenen Wanderwegen, die zwischen einer halben Stunde bis fünf Stunden dauern. Wir wählten eine etwa zweistündige beliebte Wanderung und kamen an den größten und schönsten Wasserfällen des Nationalparks entlang. Die Wege führen meist über kleine Brücken ohne Geländer, die die ganze Szenerie noch natürlicher erscheinen lassen. Man muss also auch aufpassen, dass man nicht aus Versehen vom Weg abkommt und im glasklaren, aber kaltem Wasser landet. Wobei es im Sommer sicherlich eine gute Abkühlung wäre. Obwohl wir die Plitvicer Wasserfälle mitten im Sommer besuchten, waren erstaunlich wenige Besucher dort. So konnten wir die Wanderung nahezu ungestört genießen und tolle Fotos machen.

Am Ende des Weges kann man mit einem kleinen Boot über einen der vielen Seen fahren. Ein gelungener Abschluss des Ausflugs. Die Wanderung auf den natürlichen Wegen, umgeben von einzigartigen Wasserfällen und dem glasklaren Wasser, war für mich ein Highlight und zeigt die wunderschöne Natur Kroatiens. Die Plitvicer Wasserfälle sind definitiv einen Besuch wert, wenn man in Kroatien unterwegs ist.

Ein weiterer kleiner Geheimtipp, den wir schon vorher in der Urlaubsplanung fest eingeplant hatten, ist die kleine Insel Dugi Otok. Von Zadar aus fuhren wir früh am Morgen mit der Fähre auf die Insel des Archipels. Früh sein lohnt sich, da die Fähre schnell ausgebucht sein kann. Nach etwa einer Stunde ist man in einer ganz anderen Welt angekommen. Die Insel ist an der schmalsten Stelle unter einem Kilometer breit und etwa 43 Kilometer lang. Mit dem Auto kann man die Insel an einem Tag erkunden.

Zunächst fuhren wir in den Naturpark Kornaten im Südosten der Insel. Hier befindet sich die Steilküste von Dugi Otok, die nach einer kleinen Wanderung erklommen werden kann. Von hier aus hat man einen tollen Blick auf die Felsen und das Meer. Der Salzsee Mir liegt ganz in der Nähe und kann auf einem kleinen Weg umrundet werden.

Wir fuhren weiter die kleine und einzige Straße Dugi Otoks entlang. Von hier hat man einen tollen Rundumblick auf die Insel und kann an diversen Aussichtspunkten anhalten. Wir fuhren weiter zum 42 Meter hohen Leuchtturm Veli Rat am nordwestlichen Kap der Insel.

Ganz in der Nähe des Leuchtturms befindet sich einer der schönsten Strände dieser Erde, wie ich finde. Am Strand Sakarun, welcher für mich das absolute Highlight der Insel ist, warteten weicher weißer Sand, klares blaues Meer und ein einzigartiger Ausblick auf uns. Wir fühlten uns wie in der Karibik. Die Segelboote am Horizont rundeten das fast schon unwirkliche Motiv ab. Hier benötigt man im Vergleich zu vielen anderen Stränden in Kroatien keine Badeschuhe. Der Strand fällt flach ab und ist somit auch für Kinder geeignet. Sakarun ist ein kleines Paradies, für das man gar nicht erst in die Karibik fliegen muss.

Schweren Herzens mussten wir uns vom Traumstrand verabschieden, um die Fähre zurück nach Zadar am Abend nicht zu verpassen. Dugi Otok ist für viele Kroatienurlauber immer noch ein Geheimtipp. Da die Insel nicht zu überlaufen ist, trifft man an den schönsten Orten der Insel nie zu viele Touristen. Weil die meisten Besucher ohnehin per Fähre auf die Insel gelangen, kann die Natur auf der Insel erhalten bleiben. So können hoffentlich auch noch in vielen Jahren Kroatienliebende Karibikflair auf Dugi Otok spüren und die Nationalparks der Insel entdecken.

Nach einigen weiteren Tagen Entspannen am Strand von Biograd na Moru und Stadtbesichtigungen in Zadar, Trogir und Split war der Urlaub auch fast wieder vorbei. Kroatien ist ein Land, welches viel Abwechslung bietet. Neben Action, Abenteuer und Kultur bietet das Land auch wunderschöne Nationalparks, in denen die unberührte Natur spürbar ist. Außerdem gibt es unzählige Strände zu entdecken, die jeder für sich einzigartig sind.

Mit den wunderschönen Stränden hat Kroatien noch mehr zu bieten als glasklares Wasser und schöne Städte. Auch tolle Wanderungen in der Filmkulisse von Winnetou sind möglich und bieten tolle Aussichtspunkte und Abenteuer!

Abbildung 3 Der Winnetou-Aussichtspunkt "Parizevacka glavica" mit Blick auf den Fluss Zrmanja.

Australien

Die Großstadt Sydney, das verlassene Outback oder das naturnahe Queensland, unterschiedlicher könnten die Landschaften in Australien nicht sein. Auf einer Australien-Reise kann man unmöglich alle Fassetten des Kontinents erleben. Daher ist ein weiterer Australien-Aufenthalt für mich auf jeden Fall ein Muss! Auf meiner Reise nach Down-Under im August 2016 durfte ich tolle Landschaften erleben und noch schönere Bekanntschaften mit Aborigines, den „Aussies“ und einzigartigen Tieren machen. Mit 21 Jahren flog ich also allein auf die andere Seite der Erde. Das erste große Reiseabenteuer in meinem Leben.

Zunächst ging es über Hong Kong nach Sydney. Hier gab es für mich direkt am ersten Tag allerhand zu entdecken. Da mein Hotel sehr zentral lag, ging ich bereits früh morgens zum weltberühmten Opernhaus und zur Harbour Bridge. Es lohnt sich, direkt nach dem Frühstück dort zu sein, um den späteren Touristenmassen zu entgehen. Dank Jetlag war ich ohnehin sehr früh wach und konnte die Zeit dementsprechend gut nutzen.

Auf der Harbour Bridge kann man auch als Fußgänger entlang spazieren und die Stadt aus einer ganz anderen Perspektive erkunden. Auf einem der Pfeiler gibt es ein kleines Museum mit einem Aussichtspunkt, von wo man die Stadt wunderbar überblicken kann. Das Museum zeigt die Entstehung und Entwicklung der berühmten Brücke und lohnt sich. Im Vergleich zu den sehr teuren Klettertouren auf der Harbour Bridge ist ein Besuch des Pfeilers dazu noch sehr günstig. Sogar mein deutscher Studentenausweis wurde hier anerkannt.

Vom Mrs. Macquaries Chair, einer in einem Felsen gehauenen Sitzbank, hat man eine wunderschöne Sicht auf Opernhaus und Harbour Bridge. Auch bei Dunkelheit ist das Panorama von hier aus sehr beeindruckend. Nicht umsonst reihen sich abends dutzende Fotografen auf, um das perfekte Sydney-Foto bei Nacht zu schießen. Klar, dass ich mir das nicht nehmen lassen wollte und dort abends mit Stativ und Spiegelreflexkamera gepackt stand, Foto um Foto schoss und die wunderschöne Aussicht genoss.

Gut, dass mein Hotel nicht sehr weit entfernt war und ich nur durch einen kleinen Park gehen musste. Im Dunklen auf der anderen Seite der Welt hatte ich anfangs doch etwas Sorge, allein unterwegs zu sein. Wie ich in vielen späteren Alleinreisen erfahren konnte, natürlich vollkommen unbegründet. Aber man hört und liest ja so einiges. In dem kleinen Park sah ich am Abend Kakadus und Baumkängurus. Und das mitten in Sydney!

Der Name Macquarie begegnet einem im Australien übrigens immer wieder. Lachlan Macquarie war von 1810 bis 1821 Gouverneur von New South Wales und wird teilweise als der Begründer Australiens angesehen. Er schuf ein eigenes australisches Zahlungsmittel, was ausländische Münzen zu der Zeit verdrängte. Macquarie entsandte zudem Entdecker auf eine Route ins Inland, sodass das Landesinnere kurze Zeit später besiedelt werden konnte.

Dadurch, dass Lachlan Macquarie es liebte, Orte, Straßen, Inseln oder Häfen nach seinem Namen zu benennen, tragen viele Orte in ganz Australien seinen oder den Namen seiner Frau Elizabeth Macquarie.

Abbildung 4 Vom Mrs. Macquaries Chair hat man die perfekte Aussicht auf das Opernhaus von Sydney und die Harbourbridge

Ein Geheimtipp ist Manly, ein Stadtteil Sydneys mit einem langen Ozeanstrand. Mit einer Fähre gelangt man schnell zum kleinen Surferspot mit einem schönen Rundwanderweg. Als ich auf dem Wanderweg unterwegs war und die Klippe entlangging, sagten mir plötzlich die Menschen, die mir entgegenkamen, dass ich dort hinten einen Wal sehen würde. Ich dachte erst, dass sie mich veräppeln wollen oder ich ihr Englisch nicht richtig verstanden hatte. Ich war aber doch neugierig.

An dem nahen Aussichtspunkt standen bereits zwei junge Frauen, die gespannt auf das Meer blickten. Tatsächlich, ich sah plötzlich einen Wal aus dem Wasser springen, nur etwa hundert Meter von der Küste entfernt. Das Highlight schlechthin! Es war vermutlich ein junger Wal, der allein unterwegs war und sich irrtümlich so nah an die Küste und an die Stadt gewagt hatte. Hier einen Wal zu sehen war jedenfalls nicht alltäglich. Ich sah dem Wal so lange zu, wie es nur ging. Schließlich musste ich mich nach diversen Fotos lösen, um die letzte Fähre zurück nach Sydney nicht zu verpassen und in Manly zu stranden.

Auf dem Rückweg mit der Fähre kann man dann den Sonnenuntergang über der Skyline Sydneys genießen. Verpassen sollte man die letzte Fähre nicht, da man ansonsten nur über Umwege zurück in die Innenstadt gelangt.

Auf der Fähre wollte ich mit meiner Kreditkarte das Rückfahrticket buchen. Die Karte wurde jedoch aus irgendwelchen Gründen nicht akzeptiert. Hier zeigte sich der „Aussie“ von seiner besten Seite und die Fährmitarbeiter ließen mich kostenlos mitfahren. Als junge blonde Frau allein am anderen Ende der Welt hat man eben auch seine Vorteile!

Im botanischen Garten von Sydney kann man Kakadus, Baumkängurus und seltene Pflanzen beobachten. Die ruhige Oase Sydneys ist ein weiteres Highlight dieser Stadt, die mir sehr ans Herz gewachsen ist. Die Freundlichkeit der Einwohner gepaart mit den vielen Sehenswürdigkeiten und der lässigen Kultur der Australier sind einzigartig. Ein Besuch am Bondi Beach sollte man definitiv auch mit einplanen! Alleine schon, um den Surfern zuzusehen oder einfach nur um am Strand zu liegen. Zudem gibt es am Bondi Beach einige tolle Fitnessplätze, wo die gut gebauten Australier ihre Fitnessübungen direkt am Strand absolvieren können. Guter Ausblick für beide Parteien würde ich mal sagen.

Selbst im australischen Winter, also im europäischen Sommer, ist das Wetter in Sydney angenehm warm und das Meer nicht zu kalt. Etwa eineinhalb Stunden von Sydney entfernt kann man den Blue Mountains einen Besuch abstatten. Hier findet man eine unberührte Natur mit unzähligen Eukalyptusbäumen vor.

Die "Three Sisters", eine Felsformation, die wie drei Spitzen in die Höhe ragt, sind ein Highlight und stellen ein berühmtes Fotomotiv dar. Für Abenteuerlustige bietet die "Scenic World" mit Fußwegen durch den Regenwald, Gondelfahrten über Wasserfälle und einer steilen Bahnfahrt allerhand Action! Die Blue Mountains kann man so von allen Perspektiven betrachten. Dann waren die ersten Tage in Down-Under bereits vorbei und ich flog von Sydney zum Ayers Rock.

Hier hatte ich eine Outdoor-Tour gebucht, die mich in einer Kleingruppe vom Ayers Rock nach Alice Springs brachte. Wildnis pur mit Schlafen unter dem Sternenhimmel, gemeinsamen Kochen und Lagerfeuerromantik.

Der Uluru (Ayers Rock) hat etwas Magisches an sich. Der Monolith ist ein Inselberg und etwa 350 Meter hoch. Durch eine Umrundung kann man alle Fassetten des einzigartigen Felsens entdecken. Die Sonnenuntergänge sind im Outback atemberaubend! An meinem ersten Abend im Outback war sogar Vollmond, der langsam neben dem Uluru aufging. Eine tolle Kulisse.

Drehte ich mich um, sah ich die Olgas in Kata Tjuta, dank Sonnenuntergang in einem ganz speziellen Licht! Diese besuchte ich am nächsten Tag. Die Olgas sind eine Gruppe von 36 Bergen, wobei der größte Berg, der Mount Olga, etwa 564 Meter hoch ist. Wir wanderten dort und erfuhren dank unserem Guide allerhand über Eukalyptuspflanzen und die Tier- und Pflanzenwelt. Für mich sind die

Olgas fast noch schöner als der Uluru, obwohl die Berge deutlich weniger bekannt sind.

Abbildung 5 Der Blick auf den Uluru im Sonnenuntergang

Nachts schlief ich unter freiem Himmel in einem "Swag", einer Art dickem Schlafsack. Anfangs hatte ich noch etwas Angst vor Schlangen und Spinnen, die hier überall zu finden sind, aber mit der Zeit schlief ich immer besser. In Australien leben die giftigsten Tiere dieser Erde. Und ich Angsthase habe sogar vor den deutschen Wohnzimmerspinnen Panik! Richtiges Outdoor-Leben also. Nachts wurde es im australischen Winter empfindlich kalt, sodass morgens eine kleine Eisschicht auf unseren Schlafsäcken lag. Im Swag wärmt man sich mit der eigenen Körperwärme, die kaum aus dem dicken Schlafsack entweichen kann. Als Alternative zum Swag gab es Zelte, in denen man etwas geschützter hätte schlafen können. Aber wer nutzt diese einmalige Möglichkeit denn in dieser Situation nicht aus und schläft im Swag mitten unter einem fantastischen Sternenhimmel?!

Wir kochten gemeinsam und lebten mit den anderen Gruppenteilnehmern mitten in der Natur. Beim Känguruschwanz, der am letzten Abend gegrillt wurde, konnte ich dann doch nicht zugreifen und blieb beim Salat…

Am nächsten Tag ging es zum Kings Canyon. Hier fanden wir kleine Oasen, in denen auch gebadet werden konnte. Eine Wanderung inmitten der imposanten Schluchten ist hier ein unvergessliches Erlebnis! Viele Spuren von Fischen und Meerestieren fanden wir dank Guide auf den Gesteinen, da hier vor Millionen von Jahren der Ozean unzählige Tierarten beheimatete. Sehr interessant und dank der Erklärungen unseres Guides mit allerhand Hintergrundwissen.

Nun fuhren wir zur Ormiston Gorge, einem kleinen See inmitten einer malerischen Schlucht, in der wir trotz eiskaltem Wassers ein kurzes Bad nahmen. Es ging weiter nach Glen Helen. Hier leben viele Felsenkängurus. Man muss aber genauer hinschauen, um diese in den roten Felsen zu erspähen. Nach mehreren Minuten fanden wir die kleinen Kängurus in den roten Felsen, die sich gut getarnt hatten. Weiter ging es nach Ochre Pits, einer heiligen Stätte der Aborigines, die deshalb besonders ist, da die Gesteine unterschiedliche Farben aufweisen. Seit Generationen werden die Ockergruben von den hier lebenden Aborigines abgebaut.

Nach einem Bad in einer Felsenschlucht, dem Ellery Creek Big Hole, ging es schließlich nach Alice Springs, dem Ende des kleinen Outdoor-Abenteuers.

In Alice Springs gibt es einen kleinen "Desert Park", in dem heimische Pflanzen und Tiere vorgestellt werden. Der Park ist sehr schön angelegt und man erhält dort viele Informationen über das Land und dessen Tier- und Pflanzenwelt. Eine Flugshow mit Falken und anderen Vögeln rundet den Besuch ab.

Ansonsten kann man in Alice Springs die "Flying Doctors" besuchen, eine Einrichtung, um Leute in entfernteren Landesteilen per Flugzeug medizinisch versorgen zu können. Zudem gibt es im Zentrum der Stadt das Anzac Memorial, welches an die Verstorbenen im 1. Weltkrieg erinnert und von wo aus man einen super Blick auf die Stadt im Outback hat. Ein bisschen erinnerte mich die Stadt an Las Vegas, die ebenfalls mitten im Nirgendwo liegt. Jedoch ist Alice Springs mit seinen knapp 23.000 Einwohnern deutlich kleiner und noch abgelegener mitten im australischen Outback.

Nach zwei Tagen in Alice Springs und einem normalen Bett statt Swag, was auch mal wieder schön war, ging es dann mit dem Flugzeug weiter nach Cairns. Ich stieg aus dem Flugzeug aus und fühlte mich wie im Gewächshaus, so eine hohe Luftfeuchtigkeit herrschte hier.

In Cairns lohnt sich ein Tagesausflug nach Cape Tribulation. Wir fuhren mit einer kleinen gemischten Gruppe die Küstenstraße entlang über Port Douglas in Richtung Regenwald. In Mossman Gorge gibt es einen kleinen Fußweg, von wo aus man den Regenwald hautnah erleben kann. Ein malerischer Rundweg am Fluss lässt den Regenwald spürbar werden!

In Cape Tribulation angekommen wartet neben dem Regenwald ein weiteres Weltnaturerbe: Das Great Barrier

Reef! Ein seltener Ort, denn hier kommen gleich zwei Weltnaturerbe direkt zusammen. Hier findet man Kasuare, große flugunfähige Vögel, die etwa 1,70 Meter groß werden können und durchaus gefährlich werden, wenn sie sich angegriffen fühlen. Daher sollte man möglichst großen Abstand halten, wenn man einem Kasuar begegnet.

Man sollte zu bestimmten Jahreszeiten am Strand von Cape Tribulation nicht schwimmen gehen, da hier die äußerst giftigen Seewespen im Wasser lauern. Ein Gegengift für Stiche der Seewespe hängt an jedem Strand und muss dem Gestochenen unverzüglich verabreicht werden, sobald man gestochen wurde. Trotzdem gibt es durch diese Seewespen oft Todesfälle in Australien, viel mehr als durch Haiangriffe.

Auf dem Rückweg ging es mit einer Fähre über einen Fluss, in dem oft Krokodile schwimmen. Hier sollte man auf das Schwimmen auch lieber verzichten. Mit einem Boot kamen wir ganz nah an die Tiere heran, sehr beängstigend aber auch unfassbar aufregend.

Am nächsten Tag ging es für mich mit der historischen Eisenbahn nach Kuranda, einem kleinen Dorf inmitten des Regenwalds. Die Bahnfahrt neben den imposanten Wasserfällen „Barron Falls“ und durch viele Tunnel ist bereits sein Geld wert. Oben angekommen geht es nach einem kleinen Fußmarsch in das kleine Dorf Kuranda. Hier gibt es einen kleinen Park, in dem man Koalas auf den Arm nehmen darf. Wirklich putzig die Kleinen, aber doch schwerer als gedacht! Auch Kängurus und seltene Schlangen findet man hier. In großen und artgerechten Gehegen kann man den Tieren sehr nahekommen.

Zurück ging es mit einer Seilbahn über den Dächern des Regenwaldes nach Cairns. An zwei Zwischenhalten kann man aussteigen und den Regenwald und die Wasserfälle vom Nahen erkunden. Zudem erhält man interessante Erklärungen, sogar durch deutschsprachige Prospekte! Auf dem Rückweg war ich etwas verwundert, dass ich nicht am gleichen Ort landete, an dem ich gestartet war. Ich musste improvisieren und fuhr mit einem kleinen Linienbus zurück nach Cairns. Immer in der Hoffnung, dass mich der Busfahrer auch richtig verstanden hatte und ich nicht in einem der Vororte strandete.

Am Abend war ich in der Stadt Cairns unterwegs und nahm unfreiwillig an einer Parade teil, die dort zu einem australischen Feiertag stattfand. Mit vielen bunten Kostümen feierten die Australier sich selbst. In der Menge sah ich erst einmal, dass am Strand ein eigener kleiner Pool stand, der den Kindern dort neben einem Spielplatz als Kinderparadies dient. Darauf können auch wirklich nur die Australier kommen. Ein Pool für alle direkt neben einem Spielplatz und ausreichend Bänke für die Eltern. Zudem gibt es hier viele Picknickplätze, alles sehr kinder- und familienfreundlich.

Als es dunkel wurde, fand an der Strandpromenade ein großes Feuerwerk statt. Über 15 Minuten lang wurde der australische Feiertag zelebriert. Alle Menschen saßen auf ihren Picknickdecken am Strand und schauten begeistert in den Himmel. Ein toller Abschluss an diesem Tag, obwohl ich einfach nur kurz durch die Stadt spazieren wollte.

Anschließend ging es für zwei Tage auf verschiedene kleine Inseln im Great Barrier Reef. Zunächst fuhr ich mit einem Schiff zur Insel Green Island. Hier kann man

Schnorcheln und wundervolle bunte Fische beobachten. Einen Rundweg um die Insel gibt es auch, dieser dauert knapp 40 Minuten. Und wenn man den Rundweg hinter sich hat, kann man sagen, dass man eine ganze Insel in 40 Minuten umrundet hat! Natürlich umrundete ich die Insel auch und entdeckte unberührte Natur und viele Tiere. Wieder so ein „Irgendwann-Moment", von dem ich noch lange zehren werde.

Die Unterwasserkamera sollte man beim Schnorcheln unbedingt dabeihaben. Zwar kann man die schöne bunte Unterwasserwelt nie ganz genau auf Videos wiedergeben, aber eine tolle Erinnerung sind die Filme dennoch. Neben Clownsfischen und Korallen entlang zu schwimmen ist schon ein Highlight. Als mir auf einmal ein etwa ein Meter großer Fisch entgegenschwamm, wurde mir erst einmal anders. Da ich aber merkte, dass der Fisch eher Angst vor mir hatte und schnell an mir vorbeischwamm, musste ich nichts befürchten und war dankbar für diesen kleinen Schreckmoment. In Australien denkt man immer zuerst an Haiangriffe, wenn man über Schwimmen oder Surfen im Meer spricht. Dabei gibt es in Down-Under sehr wenige Haiangriffe, insbesondere nicht in unmittelbarer Nähe zum Strand. Also (fast) alle Sorgen unbegründet.

Beim Schnorcheln bekam ich aufgrund meiner europäischen Naivität auch gleich einen dicken Sonnenbrand auf meinem Rücken. Immerhin war ich mehrere Stunden bei Sonne pur im Wasser und wunderte mich zuerst noch über die Leute, die neben mir schnorchelten und T-Shirts trugen. Sie hatten vermutlich später nicht mit sich pellender Haut zu kämpfen. Einen solch starken Sonnenbrand hatte ich seitdem zum Glück nicht mehr.

Am zweiten Tag ging es nach Fitzroy Island. Hier kann man ebenfalls schnorcheln gehen und Schildkröten im Wasser beobachten. Unternehmenslustige können auf den Gipfel der Insel wandern. Auf einem kleinen Weg erreicht man den Gipfel in etwa zwei Stunden, das letzte Stück muss man etwas klettern. Auch im australischen Winter ist die Wanderung sehr schweißtreibend, daher sollte man unbedingt genügend Wasser mitnehmen. Wieder unten angekommen folgte ich einem kleinen Fußweg zum Nudey Beach. Der Nudey Beach ist ein verlassener kleiner Strand mit unfassbar weißem Sandstrand und großartigen Korallen.

Am nächsten Abend flog ich zurück nach Deutschland. Vorher aber erkundete ich noch die Stadt Cairns und entdeckte eine kleine Markthalle, in der allerhand exotische Früchte und australische Spezialitäten angeboten wurden. Ich gab hier die letzten australischen Dollar aus und war froh, diesen Ort am Ende meiner Reise entdeckt zu haben. Mit einem älteren Mann kam ich ins Gespräch, der mir noch allerhand von der Stadt erzählte. Nun musste ich aber zum Flughafen, um den Flug zurück nicht zu verpassen.

Nach unvergesslichen Tagen ging es dann schließlich wieder über Hong Kong zurück nach Hause. Obwohl ich allein gereist bin, war ich auf meiner Reise eigentlich nie allein. Dank der Outdoor-Tour durch das Outback konnte ich die Natur gemeinsam mit anderen Outdoorverrückten genießen, man konnte sich austauschen und gemeinsam kochen. Auf den diversen selbstgeplanten Tagestouren war ich ebenso selten allein. Wenn ich es wollte, konnte ich allein sein, aber da gemeinsame Erlebnisse meist viel schöner sind, genoss ich auch die Gemeinschaft. Oft hat man die gleichen Ansichten und versteht sich auf Anhieb. Trotzdem haben Momente, die man einzig und allein für sich genießen kann, natürlich auch seinen Reiz.

Ich habe Menschen kennengelernt, die mir die Stadt gezeigt oder ihre Kultur erklärt haben. Einfach so. Sie haben ihre Zeit geopfert, um mir das Gefühl zu geben, willkommen zu sein und ich habe es sehr genossen. Ob Großstadtbewohner, Aborigines oder Regenwaldbewohner – Danke Australien, ich komme garantiert wieder!

Abbildung 6 Das typische Straßenschild in Australien - Vorsicht Kängurus!

Allgäu

Seit ich denken kann bin ich mit meiner Familie in den Urlaub ins Allgäu gefahren. Schon meinen ersten Geburtstag feierte ich auf einem kleinen Bauernhof im beschaulichen Pfronten. Von da an fuhren wir Dutzende weitere Male in die kleine Stadt an der Grenze zu Österreich, ob im Sommer oder Winter.

Im Winter kann man im Allgäu Skifahren oder einfach nur ausgiebige Winterspaziergänge unternehmen. Leider ist die Region nicht mehr so schneesicher wie noch vor 20 Jahren, sodass man häufiger über die nahe Grenze nach Österreich zum Wintersport fahren muss. Um das Skifahren und Snowboarden zu lernen, war der kleine Hang in Pfronten absolut ausreichend und wird mich immer daran erinnern, wie ich meine ersten Versuche im Schnee machen konnte. Schon als ich noch zu klein zum Skifahren war, zog mein Opa mich im Schlitten durch den Schnee, während meine Brüder mit meiner Mutter Ski fuhren. Vielleicht kommt daher meine Liebe zum Wintersport, der mir bis heute sehr wichtig ist.

Als ich mit zwölf Jahren Snowboarden lernen wollte, schickten mich meine Eltern in die Snowboardschule. Sie selbst hatten keine Ahnung vom Snowboard fahren und selbst meine Brüder hatten keine große Lust den relativ neuen Sport zu lernen. Also ging ich für drei Tage alleine in die Snowboardschule und lernte die Basics. Schon nach dem ersten Tag hatte ich unzählige blaue Flecken, da man anfangs eben noch nicht sicher auf dem Brett steht und oft im Schnee landet. Am zweiten Tag fuhr ein weiterer Snowboardschüler bei einer Übungsfahrt in mich hinein.

Es tat gar nicht wirklich weh, aber als ich den roten Schnee sah, wurde mir bewusst, dass es wohl doch etwas heftiger war. Die scharfe Kante seines Snowboards hatte sich in mein Schienbein gefräst und eine große klaffende Wunde hinterlassen. Daher also das Blut und der rote Schnee. Meine beiden Snowboardlehrer, die selber noch sehr jung waren, verbanden die Wunde an meinem Schienbein sofort. Ich wollte natürlich entgegen deren Empfehlungen weiterfahren und keine Übungen an diesem Tag verpassen.

Später am Abend musste ich meinen Eltern die Wunde zeigen, die natürlich nicht ganz begeistert waren. Der Moment, als meine Mutter den Verband aus der Wunde zog, die schon fast mit dem Verband verwachsen war, war entsprechend nicht ganz angenehm. Natürlich wollte ich nicht zum Arzt und stattdessen morgen wieder Snowboard fahren lernen. Wehren konnte ich mich aber trotz Tränen nicht. Und so fuhren wir zu einem Arzt, der meine Wunde versorgte und diese mit ein paar Stichen nähen musste. Die wichtigste Frage stellte ich dem Arzt sofort: Könnte ich am nächsten Tag wieder Snowboarden?

Ich sollte es nicht übertreiben und aufpassen, aber das wäre nicht das große Problem. Immerhin. Also war ich am nächsten Tag wieder auf der Piste unterwegs. Das Snowboarden klappte immer besser. Als der Kurs beendet war, fuhr ich mit meiner Mutter die restlichen Tage gemeinsam. Ich kam jeden Berg hinunter, mal besser, mal schlechter. „Learning by doing" ist hier das Motto. Je öfter ich im Anschluss Snowboarden war, desto besser funktionierte es. Ich bin nicht der Typ, der in den Funparks der Skigebiete seine Tricks zeigen muss. Ich fahre lieber schnell die Berge hinunter, was mir eine Menge Freude bereitet. Mittlerweile fahre ich fast ausschließlich nur noch Snowboard und weniger Ski, trotz des anfänglich holprigen Starts.

Im Sommer kann man im Allgäu tolle Wandertouren unternehmen, ob Tagestouren oder Mehrtagestouren. Schon als ich sechs Jahre alt war, nahmen mich meine Eltern mit auf eine Hüttentour in den Allgäuer Bergen. Wir gingen von Hütte zu Hütte, immer schön oberhalb der Täler, um nicht zu viele Höhenmeter zu machen. Obwohl mir meine Eltern damals schon viel zumuteten, ich oft nicht mehr weiterwollte oder geweint habe, möchte ich diese Erfahrung nicht missen. Über sich hinauszuwachsen fängt eben nicht erst im Erwachsenenalter an. Gerade im Kindesalter tut man oft viele Dinge unbewusst und ohne groß nachzudenken. Da kann man auch mal in einen eiskalten Gletschersee springen, um sich abzukühlen, was mir meine Eltern heute noch hoch anrechnen. Wie gesagt, ganz normal bin ich eben nicht.

An einem Tag der Hüttentour regnete es in Strömen. Für uns jedoch keine Ausrede, schließlich mussten wir weiter zur nächsten Hütte, um dort am folgenden Abend zu übernachten. Es wollte nicht aufhören zu regnen und so kamen wir schließlich nass bis auf die Knochen an der Hütte an. Die Schuhe waren nach drei Tagen immer noch nicht getrocknet.

Die Übernachtungen in den Familienzimmern hoch oben auf dem Berg waren für uns Kinder natürlich ein großes Highlight. Auch jetzt noch genieße ich die Freiheit in den Bergen, ohne Internet, Handyempfang und Fernsehen. Eine Hüttentour mit Kindern ist der beste Weg, um ihnen die Natur näher zu bringen und sie ihre Grenzen austesten zu lassen.

Auch wenn ich als Kind vielleicht manchmal etwas bockig war und keine Lust auf noch eine Wanderung hatte, bin ich letztlich doch froh, dass meine Eltern mir diese Urlaube ermöglicht haben und ich die Liebe zu den Bergen irgendwann meinen Kindern weitergeben kann. Manchmal muss man auch ein paar negative Erfahrungen machen, bevor man erkennt, dass mir eigentlich so viele Chancen im Leben offenstehen und ich mich glücklich schätzen kann, dass ich diese Chancen von meinen Eltern ermöglicht bekommen habe.

Nicht weit von Pfronten entfernt lohnt sich zumindest einmal im Leben ein Abstecher zum Schloss Neuschwanstein. Obwohl Tausende Asiaten tagtäglich zum Schloss strömen, kennen viele Deutsche das Schloss gar nicht aus der Nähe. Ich kann diesen Menschen sagen, dass es sich lohnt einmal hierherzukommen. Der Aufstieg ist zwar relativ anstrengend, aber von oben hat man eine grandiose Sicht auf das Schloss und die typische Postkartenkulisse. Da mein Mann Kai noch nie hier war, machten wir in einem Skiurlaub in Pfronten einen Tag den Abstecher nach Hohenschwangau.

Im Winter ist die berühmte Marienbrücke aufgrund von Eis und Schnee leider gesperrt, sodass uns dieser Ausblick verwehrt wurde. Aber auch von den anderen Aussichtspunkten hat man eine super Sicht auf das Schloss und die umliegende Landschaft. Auf der anderen Seite erkennt man das Schloss Hohenschwangau, welches deutlich weniger bekannt, aber mindestens genauso schön ist wie das Schloss Neuschwanstein. Um die Schlösser von innen zu besuchen, sollte man bereits Tage vorher ein Online-Ticket besorgen. Täglich gibt es nur eine begrenze Anzahl an Tickets, sodass man hier schnell sein sollte. Da uns die Aussicht genügte, gingen wir den steilen Weg wieder bergab, vorbei an vielen Pferdekutschen, die die fauleren Besucher auf den Berg bringen. Wir genossen die Aussicht auf das Schloss Hohenschwangau und machten uns wieder zurück auf den Weg nach Pfronten.

Mein Mann Kai musste bereits einige Mals mit in die Berge und weiß, dass ich mindestens einmal pro Jahr in den Süden reisen muss, um die Freiheit und Natur dort zu spüren. Ob im Sommer zum Wandern oder im Winter zu Skifahren oder Snowboarden, die Berge sind für mich Natur pur und ein Ort, an dem ich super abschalten kann.

Kai musste (oder durfte) bereits das Skifahren lernen und steht seit einiger Zeit auch sicher auf zwei Brettern. Somit konnte ich zumindest schon einmal einen Teilerfolg landen und fahre seitdem gemeinsam mit ihm Ski oder Snowboard. Bei einigen Wanderungen war er auch schon dabei, obwohl ich die richtige Wanderlust (noch) nicht aus ihm herauskitzeln konnte.

Pfronten und generell das Allgäu ist für mich gleichzeitig Kindheitserinnerung und ein Ort, um zur Ruhe zu kommen. Das „Alpenbad“ im Stadtteil Pfronten-Meilingen liegt direkt an einem Sonnenhang. Von hier aus hat man eine wunderschöne Aussicht auf die umliegenden Berge, ob am Tage oder im Dunkeln.

Die hoch oben gelegene Ostlerhütte auf 1.838 Metern, auf der wir bei unserer damaligen Hüttentour übernachteten, sieht man vom Alpenbad aus sehr gut. Gemeinsam mit dem Breitenberg sieht man zudem auch die kurze Piste, an der ich Ski und Snowboard fahren lernte. Im warmen Solebad des Schwimmbades kann man bequem im Außenbecken entspannen und stundenlang auf das Panorama schauen. Nach einem anstrengenden Skitag ist ein bisschen Ruhe und Entspannung im Alpenbad einfach super.

Ob Sommer, Winter, Herbst oder Frühling, das Allgäu und speziell der kleine Ort Pfronten sind für mich immer einen Besuch wert. Wenn man, wie wir, schon so oft hier war, kennt man bereits seine Lieblingsrestaurants und nahezu alle Straßen im Ort. Generell bin ich kein Typ, der immer an den gleichen Orten Urlaub machen muss. Bei Pfronten aber mache ich eine Ausnahme, da ich seit frühester Kindheit Erinnerungen an diesen Ort habe.

Ein Stück Allgäuer Heimat steht bei meinen Eltern zuhause. Sie haben sich vor einigen Jahren einen kleinen Brunnen gekauft, der seitdem vor deren Haustür steht und ein Stück Allgäuer Heimatgefühl in das Ruhrgebiet bringt.

Pfronten, ich werde dir in meinem Leben sicherlich noch einige Mal einen Besuch abstatten!

Abbildung 7 Das winterliche Allgäu von seiner schönsten Seite im Winter

Curacao

Mit meinen Eltern flog ich im Januar 2017 auf die Karibikinsel Curacao. Im deutschen Winter ein bisschen Sommerfeeling einfangen und entspannen, das war unser Ziel.

Curacao gehört mit Aruba und Bonaire zu den sogenannten ABC-Inseln und ist Teil des Königreichs der Niederlande. Aus Düsseldorf konnte man mit der damals noch bestehenden Airline „Air Berlin“ direkt nach Curacao fliegen, genauer nach Willemstad. Nach etwa acht Stunden landeten wir auf der Karibikinsel und holten sogleich unser Mietauto für unseren Urlaub am Flughafen ab.

Das Wetter war gleich deutlich besser als das deutsche Schmuddelwetter und wir zogen direkt unsere Strickjacken aus, um im T-Shirt weiter zu unserer Unterkunft fahren zu können. Unser kleiner Bungalow innerhalb einer Ferienanlage lag etwa eine Stunde vom Flughafen und der Hauptstadt Willemstad entfernt. Sofort sprang ich in den Pool der Bungalowanlage und genoss das warme Wetter hier.

In den nächsten Tagen fuhren wir zu einigen kleinen Stränden der Insel, schnorchelten viel und unternahmen Wanderungen. Die Karibikinsel ist zwar recht klein, man kann dort aber neben Wanderungen auch super Schnorcheln.

Am Strand „Praya Piskadó“ sollte man unbedingt seine Schnorchelausrüstung parat haben. Hier schwimmen viele Fische und sogar einige riesige Schildkröten, die man beim Schnorcheln großartig beobachten kann. Die Schildkröten sind etwa einen Meter groß und ich hatte echt Respekt vor ihnen. Sie schwimmen bis an den Strand heran, sodass wir gar nicht weit herausschwimmen mussten, ehe wir die Schildkröten und riesigen Fischschwärme direkt vor uns sehen konnten. Sogar vom kleinen Steg aus konnten wir die Schildkröten beobachten. Vor allem für meine Mutter, die ohne Brille fast blind ist und somit beim Schnorcheln nicht viel sah, war das eine super Alternative. Anfassen und zu nah heranschwimmen sollte man an die Schildkröten aber nicht, damit sie sich nicht bedrängt fühlen und trotzdem noch alle Freiheiten zum Luftholen haben.

Ein Geheimtipp ist dieser Strand allemal, da er sehr versteckt liegt und man zunächst einige Stufen hinunterlaufen muss. Zudem ist er sehr klein und von Touristen anscheinend (noch) nicht entdeckt worden. Noch solch ein Secret Spot, die ich so liebe.

Auch andere Strände der Insel haben ihre Highlights. Neben zahlreichen bunten Fischen beim Schnorcheln kann man an den weißen Stränden spazieren gehen oder einfach nur am Strand liegen. An einem Tag unternahmen wir eine Wanderung zum höchsten Punkt der Insel, dem Sint-Christoffelberg. Mit 375 Metern ist die Erhebung die höchste der Insel und kann von Wanderern recht einfach bestiegen werden. Aufgrund der Hitze trotzdem sehr schweißtreibend. Eine Anstrengung, die aber mit einem grandiosen Ausblick auf die gesamte Insel belohnt wird.

Anfangs geht man auf einem recht flachen Weg, der stetig ansteigt und schließlich einige Hürden auf dem Weg zum Gipfel bereithält. Dennoch schaffen auch Kinder diese Wanderung gut. Bei kleinen Pausen kann man allerhand Echsen auf und neben den Wegen beobachten. Man sollte aufgrund der Hitze unbedingt genügend Wasser und Sonnenschutz einpacken!

Es lohnt sich, auf Curaçao einen Mietwagen zu mieten. Dadurch kann man die verschiedensten Strände der Insel und auch die Steilküste auf der anderen Seite der Insel erkunden. Hier befindet sich der Shete Boka Nationalpark, der sehr sehenswert ist und eine ganz andere Seite der Insel zeigt. Ist die westliche Küste mit vielen Stränden zum Schwimmen und Schnorcheln geeignet, zeigt sich auf der östlichen Seite die raue Seite. Eine Steilküste, an der es weder Strände noch ein ruhiges Meer gibt.

Dafür regiert hier der Wind und riesige Wellen schlagen an die Felsen. Der Rundweg im Shete Boka Nationalpark brachte uns auch zu den etwas ruhigeren Höhlen und Plätzen, an denen Schildkröten zu einer bestimmten Jahreszeit ihre Eier ablegen. Um diese Seite der Insel zu erleben, lohnt sich die etwa einstündige Fahrt zum Nationalpark. Der Eingang liegt etwas versteckt und im Januar war auf unserer Fahrt und Wanderung durch den Park kaum etwas los. Zudem sind die Wege nicht zu lang und somit für jeden etwas.

An einem Tag fuhren wir mit einem Boot zu der kleinen Insel "Klein Curaçao". Dieser Trip ist einen Tagesausflug wert. Früh morgens startet man mit dem Boot und fährt mit dem Sonnenuntergang zu der kleinen unbewohnten Insel. Meist ist das Essen bei den Tagestouren inklusive. Ein kleiner Spaziergang zum alten verlassenen Leuchtturm und zu Schiffwracks am anderen Ende der Insel lohnt sich allemal. Einmal quer über die Insel sind es etwa 500 Meter, definitiv machbar.

Die Insel hat ähnlich wie die „große“ Insel Curacao zwei verschiedene Küsten, eine ruhige Seite mit weißem Sandstrand und eine raue Seite mit großen Felsen und vielen Wellen. Am schönen weißen Sandstrand, der so weiß ist, wie man sich ihn eben in der Karibik vorstellt, kann man wunderbar entspannen und schnorcheln. Hier gibt es ebenfalls Schildkröten, die wir an dem Tag allerdings nicht sahen. Trotzdem war die Fischvielfalt hier noch überragender und bunter als an den Stränden auf Curacao. Dazu machte das karibische Feeling mit weißem Sand, Sonnenschirmen aus Stroh und Ruhe, da hier nur die Passagiere des Bootes anwesend waren, den Tag zu einem Traum.

Einen Tag sollte man auf jeden Fall in der Hauptstadt Willemstad verbringen. Hier leben sehr viele der Inselbewohner, sodass man sich wie in einer Großstadt fühlt. Immerhin 125.000 Einwohner hat die Stadt, auf der gesamten Insel sind es etwa 160.000. Im übrigen Teil der Insel ist man daher sehr allein, sodass es recht ruhig ist. Wir trafen sehr wenige Menschen auf den übrigen Bereichen der Insel an.

In Willemstad sollte man auf jeden Fall die Königin-Emma-Brücke passieren. Von hier hat man einen super Blick auf die schönen bunten Häuserfassaden der Hauptstadt, die weltberühmt sind. Große Kreuzfahrtschiffe passieren hier regelmäßig den Hafen, sodass die Brücke hochklappbar ist.

Von unserem Bungalow bis in nach Willemstad war es etwa eine Stunde Fahrtzeit auf Straßen, die ihren Namen nicht verdient haben. Schotterpisten soweit das Auge reicht. Zumindest verfahren konnte man sich hier kaum, da es meist nur eine Straße in eine Richtung gab. Zum Shoppen ist die Hauptstadt Willemstad super. Hier findet man allerhand Souvenirläden, Märkte und Restaurants. Die kleinen Fischmärkte und die „mobilen“ Fischverkäufer auf ihren Booten haben uns sehr gefallen. Sie verkaufen den Fisch quasi direkt aus dem Meer. Frischer geht es kaum.

1997 setzte die UNESCO die Innenstadt von Willemstad auf die Liste der Weltkulturgüter. Kein Wunder bei der Schönheit der farbenfrohen Häuser.

Für einen entspannten Urlaub lohnt sich Curacao wie auch sicherlich die anderen ABC-Inseln allemal. Dank der damals noch bestehenden Direktverbindung per Flugzeug von Düsseldorf nach Curacao war die Anreise für karibische Verhältnisse sehr kurz und recht unkompliziert. So konnten wir am weißen Sandstrand entspannen, schnorcheln und Tagesausflüge unternehmen. Wer auf Curacao Action sucht, kann Tauchen oder Schnorcheln gehen.

Zudem lohnt sich eine Wanderung auf den höchsten Punkt der Insel, den Christoffelberg. Bei weiteren Ausflügen in die übrigen Nationalparks kann man der Tierwelt nahekommen und unberührte Natur entdecken. Durch die zwei vollkommen unterschiedlichen Seiten der Insel, fühlt man sie wie auf zwei verschiedenen Kontinenten. Dabei trennen die Küsten nur bis zu elf Kilometer.

Abbildung 8 Karibikfeeling pur

Zuhause

Ich bin im Ruhrgebiet zuhause, ein Kind des Ruhrpotts. Kein Ort, um Urlaub zu machen? Mitnichten!

Man glaubt gar nicht, wie viele Touristen jedes Jahr ins Ruhrgebiet kommen und hier „bei mir zuhause“ Urlaub machen. Zugegeben, es ist nicht die Nordsee und hier findet man auch keine hohen Berge, aber trotzdem gibt es im Ruhrgebiet allerhand zu entdecken.

Der Ruhrtalradweg führt entlang der Ruhr von Winterberg im Sauerland bis zur Mündung in Duisburg, direkt vorbei an meiner Heimat Hattingen. Ein toller Fahrradweg, den man in zwei bis drei Tagen bewältigen kann und daher perfekt für ein (langes) Wochenende ist. Ich bin den Ruhrtalradweg schon zweimal gefahren und immer wieder erstaunt, wie sich die Landschaft im Flussverlauf verändert. Vom bergigen Sauerland geht es vorbei an diversen Seen und weiter in das Ruhrgebiet, bis man schließlich die Ruhrmündung in Duisburg erreicht.

Auch Wanderungen sind im Ruhrgebiet gut zu unternehmen. Neben Halden und dem Ruhrhöhenweg gibt es auch einige kleinere Wanderungen beispielsweise in der schönen Elfringhauser Schweiz in Hattingen oder im bergischen Land. Ganz von der Kultur im Ruhrgebiet abgesehen. Diverse Museen erzählen von der Bergbau- und Stahlgeschichte, die diese Region bis heute geprägt hat. Die Geschichte des Ruhrgebiets hat auch ihre Menschen sehr geprägt. Echte Ruhrpottler sind eben etwas rauer, sagen durchaus ehrlich, was sie denken und haben ihren eigenen Charakter.

„Maloche“ wird hier noch ernst genommen und Fußball hat im Ruhrgebiet ohnehin seinen ganz eigenen Stellenwert. Durch die vielen Fußballvereine auf engstem Raum stoßen Arbeitskollegen oft aufeinander, die eben nicht die gleiche Fußballmeinung haben. Auch innerhalb der Familien gibt es oft stark unterschiedliche Fans. So gibt es in meiner Familie zwei Schalker und zwei Dortmunder, während meine Mutter neutral bleibt. Da ist Streit oft vorprogrammiert und man überlegt sich lieber genau, ob man gemeinsam Fußball schaut oder doch lieber in den Farben getrennt.

Alte Bahntrassen wurden zu Fahrradwegen umfunktioniert, sodass man im Ruhrgebiet an einem Tag mit dem Rad mehrere Städte durchfahren kann. Wer einmal in der Nähe ist, sollte sich auf jeden Fall von dem ehemals schlechten Image des Ruhrgebiets verabschieden. Es ist nicht mehr alles voller Kohle und Staub, hier regieren nun Grünflächen und große Parks neben Kulturflächen und Natur!

Und das Beste ist, dass alle Städte und Sehenswürdigkeiten im Ruhrgebiet nur wenige Autominuten voneinander entfernt liegen. Keine langen Fahrten sind hier nötig, um von A nach B zu kommen, außer natürlich man nutzt die A40 zur Hauptverkehrszeit…

Ein oft genutztes Ziel für eine Motorradtour ist Cuxhaven. Ja ich weiß, Frauen und Motorrad, das passt doch nicht. Oh doch! 2016 machte ich meinen Motorradführerschein und fahre seitdem mit meiner Honda CBR 300R durch die Gegend. Nichts Großes, aber für mich absolut ausreichend. Auch wenn sich meine Mutter immer Sorgen macht, wenn ich mit meinem Zweirad unterwegs bin, ist es ein Hobby, was mir absolut Spaß macht.

Ein Tagesausflug aus dem Ruhrpott an die See ist zwar auch anstrengend, aber bei tollem Wetter und Strandfeeling auf jeden Fall eine Reise wert. Sobald die Strandkörbe in Sicht kommen, weiß man, dass man hier richtig ist. Die Kugelbake ist sicherlich DAS Wahrzeichen der Stadt und Besuchermagnet. Dazu ein toller Kurpark mit Papageien und Pinguinen, ein Paradies für gestresste Besucher und Kinder.

Das Watt ist Balsam für die Füße und bei Kindern super beliebt. Bei einem längeren Aufenthalt lohnt sich eine Fahrt nach Helgoland. Die jährliche Motorradtour mit meinem Vater ist ein Highlight meines Reisejahres. Ein richtiger Vater-Tochter-Tag und mit der Zeit ist Cuxhaven für mich zu einem zweiten kleinen „Zuhause" geworden.

Nach Cuxhaven bin ich im Sommer 2019 gemeinsam mit meinem Mann Kai auch mit dem Fahrrad gefahren. Den Weserradweg fuhren wir von Minden bis Cuxhaven, insgesamt über 300 Kilometer auf zwei Rädern in vier Tagen. Wir legten einen Zwischenstopp in Bremen ein, wo wir selbstverständlich die Bremer Stadtmusikanten besuchten und bei 38 Grad im Schatten eine Abkühlung am Stadtwaldsee suchten.

Mit unseren beiden Fahrrädern campten wir in einem kleinen Zelt. Beim Zelten gefällt mir am meisten die Flexibilität und die Natur, in der man 24 Stunden täglich unterwegs ist. Obwohl es auf der Tour unglaublich warm war, kamen wir am vierten Tag gegen Mittag in Cuxhaven an, wo meine Eltern bereits auf uns warteten. Sie waren mit dem Auto an die Nordsee gefahren und nahmen uns mit unseren Fahrrädern auf dem Rückweg mit.

Wir vier campten gemeinsam eine weitere Nacht direkt in Cuxhaven und genossen das warme Sommerwetter. Nach vier Nächten auf der Isomatte und über 300 Kilometern auf dem Fahrrad waren wir aber auch froh, als wir wieder zuhause waren und uns erst einmal schonen konnten.

Abbildung 9 Tiger & Turtle im Angerpark in Duisburg

Roadtrip Südeuropa

Sommerurlaub 2020 – Die Weltreise kann getrost gestrichen werden und auch längere Flüge beispielsweise in die USA sind aufgrund der weltweiten Corona-Pandemie nicht möglich. Was also tun, wenn man trotzdem ein bisschen Fernweh besiegen möchte?

Eigentlich hatten wir geplant Ende Juni in die USA zu fliegen und neben New York und die Niagarafälle auch Florida zu bereisen. Anfang Mai wurde uns dann zunehmend klar, dass wir uns den Plan in diesem Jahr knicken können. Trotzdem: Drei Wochen Urlaub einfach zuhause verbringen? Natürlich ist es selbst im Ruhrgebiet schön und man kann viele Ausflüge unternehmen, aber es hat dann doch nicht den Charme eines Urlaubs, schon gar nicht kurz nach unserer kleinen standesamtlichen Hochzeit.

Mein Mann Kai und ich entschlossen uns deshalb dazu, einen kleinen Camper zu mieten, nicht zu groß. Für zwei Personen und nicht zu teuer. Nur wohin reisen? Zunächst hatten wir uns überlegt in den Norden zu fahren, also nach Dänemark, Schweden und Norwegen. Für mich übrigens unvorstellbar, dass man knapp zwei Wochen vor Abreise noch nicht weiß, wohin man reist. Normalerweise sind unsere Urlaube bereits Monate im Voraus durchgeplant. Ich bin eben wie gesagt eher der Vorausplaner als der spontane Typ. Die dortigen Einreisebestimmungen in Skandinavien machten uns einen Strich durch die Rechnung und so mussten wir wieder umplanen.

Also doch in den Süden? Hier kannten wir uns schon etwas durch vergangene Urlaube aus. Und mit dem Wohnmobil war man ja recht flexibel. Wir planten also eine Route zunächst Richtung Bodensee, weiter nach Österreich und bis hinunter nach Dubrovnik im äußersten Süden Kroatiens. Zurück wollten wir einen Abstecher nach Prag und die Sächsische Schweiz machen.

Der Plan stand grob und alle Taschen wurden gepackt. Notfalls könne man ja während des Urlaubs noch umplanen. Der Vorteil bei einem Wohnmobil ist ja, dass man sich nicht auf einen Koffer beschränken muss und man immer alles dabei hat. Natürlich ist der Stauraum nicht unendlich, aber unser Camper hatte wirklich viel Platz, um alle Dinge unterzubringen. Das Fahren mit dem Wohnmobil stellte sich auch als unkompliziert heraus. Beim Einparken sollte man schon eingewiesen werden, aber sonst wurden selbst kurvige Küstenstraßen problemlos überwunden, sogar von mir als Fahrer.

Unsere Tour starteten wir im Ruhrgebiet und fuhren auf der ersten Etappe zum Europapark Rust. Auf dem Stellplatz am Ernst Caravan Center kann man bis zu zwei Nächte lang kostenlos campen und muss nur den Strom bezahlen, falls man diesen benötigt. Am späten Nachmittag kamen wir an und fuhren am folgenden Tag mit unseren Fahrrädern in den sechs Kilometer entfernten Europapark. Mein Mann Kai und ich sind beide Achterbahnjunkies. Der Europapark ist ein klassischer Freizeitpark mit unzähligen Attraktionen, die man an einem Tag gar nicht schaffen kann. Doch der Klassiker, die Achterbahn „Silverstar“ musste natürlich ausprobiert werden.

Am nächsten Tag fuhren wir auch schon weiter in Richtung Bodensee. Die Fahrt dauerte nur knapp drei Stunden und schon waren wir in Meersburg angekommen. Mit den Fahrrädern fuhren wir zu den berühmten Pfahlbauten in

Unteruhldingen und gingen anschließend schwimmen, da es für deutsche Verhältnisse ungewöhnlich heiß war. An fast jedem Ort am Bodensee findet man hier ein Strandbad. Gardasee-Feeling bei so einem Wetter und diesem wunderbaren See.

Nach einer Nacht auf einem kleinen Stellplatz in Meersburg fuhren wir am nächsten Tag über die Grenze nach Österreich, wo wir im Montafon eine Wandertour unternehmen wollten. Das Wetter sagte für den Nachmittag Gewitter an, sodass wir früh aufbrachen und in Golm den „Golmer Seenweg“ wanderten.

Über zwei Gipfelkreuze geht es über einen schönen Grad entlang. Auf dem Rückweg kommt man an einigen Seen vorbei. Zurück ins Tal empfiehlt sich die Sommerrodelbahn, die einen mit einer Menge Spaß ins Tal befördert. Wir wanderten das letzte Stück zum Parkplatz zurück. Die Wanderung dauerte etwa vier Stunden und ist sehr abwechslungsreich. Zudem hat man von den beiden Gipfeln einen super 360 Grad Blick auf die Berge.

Das Wetter hielt sich auf unserer Tour glücklicherweise und so waren wir gerade auf dem Campingplatz angekommen, als es anfing zu regnen und wir einen gemütlichen Abend mit Film und Dosenessen im Camper verbrachten. So geht Camping. Übrigens habe ich selten so gut geschlafen, wie im Camper. Das Bett war genauso groß wie unser Bett zuhause und super bequem. Zudem war es auf den Stellplätzen mitten in der Natur sehr ruhig.

Wir hatten uns bewusst im Voraus Stellplätze ausgesucht, die sehr naturbelassen sind. Sich vorher über die Campingplätze zu informieren und eventuell schon vor zu reservieren, ist auf jeden Fall sinnvoll, um vor Ort nicht böse überrascht zu werden.

Am nächsten Tag hatten wir ursprünglich auch eine Wanderung in St. Gallenkirch geplant. Leider war für den ganzen Tag Regen und Gewitter angesagt, sodass wir uns kurzerhand dazu entschlossen, einen Tag früher in Richtung Süden zu reisen. Die Wanderung, die aufgrund des Regens ausfiel, wird auf jeden Fall noch einmal nachgeholt, so viel ist sicher!

Abbildung 10 Unser "Zuhause" für fast drei Wochen

Die Entscheidung war auf jeden Fall die Richtige, denn auf unserer Fahrt nach Slowenien regnete es ununterbrochen in Strömen. Eine Wanderung hätte unter diesen Umständen wenig Sinn ergeben. Wir fuhren also nach Koper, direkt an die slowenisch-kroatische Grenze. Eine Stadt, die wir bei normalen Bedingungen nie entdeckt hätten. Wir campten auf einen kleinen Stellplatz in der Nähe der Autobahn, an dem die komplette Versorgung (Strom, Wasser, Abwasser, Waschräume) gewährleistet war. Ein wirklich guter Service für kleines Geld! Wir schauten uns abends die Stadt Koper an, aßen ein Eis und machten einen kurzen Spaziergang zum Hafen.

Am folgenden Tag fuhren wir dann über die Grenze nach Kroatien, zunächst nach Pula und dann weiter nach Rovinj. In Pula besuchten wir das Amphitheater, welches das sechstgrößte Amphitheater der Antike und eines der am besten erhaltenen ist. Auf dem Campingplatz in Rovinj stand erstmal nur Erholung auf dem Programm, also schwimmen, am Strand liegen und einfach nur relaxen. Am nächsten Abend unternahmen wir eine Sonnenuntergangsfahrt mit einem Boot. Ich liebe die Sonnenuntergänge in Kroatien und freute mich schon riesig auf die Abende. Auf dieser Fahrt sahen wir in einiger Entfernung sogar viele Delfine. Delfine und Sonnenuntergang, was will man (oder eher Frau) mehr?! Die Rückfahrt mit Blick auf das leuchtende Rovinj hatte zudem auch etwas.

Nach zwei schönen und entspannten Tagen fuhren wir weiter nach Norddalmatien, genauer nach Biograd na Moru. Auch hier wollten wir ein paar Tage entspannen, am Strand lesen und einfach nur die Sonne genießen. Da wir bereits zwei Jahre zuvor im kleinen Küstenort Urlaub gemacht hatten, war uns die Region schon bekannt. Die beste Eisdiele der Welt (Eiscafé „Miami“) liegt direkt am Hafen Biograds und hat für mich persönlich leckerste Eis der Welt zu bieten. Die Eisbecher sind riesig und sehr lecker. Und zudem auch noch sehr günstig. Wir waren fast jeden

Abend hier und genossen das Eis mit dem perfekten Ausblick auf das Meer.

Mit unserem aufblasbaren Kajak fuhren wir auf dem Meer und schnorchelten im türkisblauen Wasser. Auch hier lohnt sich das längere Aufbleiben, da die Sonnenuntergänge einfach traumhaft sind, wie wir auch schon zwei Jahre zuvor im Sommerurlaub erfahren durften.

Insgesamt blieben wir für vier Tage dort, ehe wir weiter Richtung Süden aufbrachen. Unser Ziel war Dubrovnik oder genauer gesagt Mlini, etwa fünf Kilometer außerhalb von Dubrovnik. Wir fuhren über Ploce mit der Fähre auf die Halbinsel und kamen am Nachmittag in Mlini an. Die Küstenstraßen sind hier traumhaft und geben das richtige Gefühl der Freiheit. Gut, dass Kai den Camper fuhr und ich mit der Kamera Videos von der schönen Straße entlang der Küste machen konnte. Der Campingplatz in Mlini lag oberhalb an der Küste, sodass man nur einige Treppen überwinden musste, bis man sich am Strand abkühlen konnte. Zudem konnte man mit dem Linienbus nach Dubrovnik fahren und war in nur 15 Minuten in der Großstadt mit den vielen Sehenswürdigkeiten. Nicht umsonst ist Dubrovnik insbesondere bei Kreuzfahrttouristen sehr beliebt.

Am nächsten Tag wollten wir uns Dubrovnik anschauen und konnten gar nicht richtig realisieren, wie leer es dort war. Normalerweise kommen täglich mehrere Kreuzfahrtschiffe her und dementsprechend voll ist die Altstadt. Aufgrund der Corona-Situation und den vielen abgesagten Kreuzfahrten, hatten wir die Stadt fast für uns alleine. Da wir eine der wenigen Touristen waren, die den langen Weg in den Süden auf sich genommen hatten, konnten wir ganz gelassen durch die Altstadt spazieren und alle Sehenswürdigkeiten in Ruhe und ohne Schlange stehen anschauen. Die Corona-Pandemie hatte eben auch seine guten Seiten.

Besonders gefallen hat uns die Festung Lovrijenac und die Seilbahn, mit der man auf einen Berg hinauffährt und einen tollen Blick auf die Altstadt Dubrovniks hat. Definitiv empfehlenswert. Am Abend gingen wir noch einmal zum Strand und erfrischten uns im Wasser. Bei immerhin 35 Grad ist so ein Strand in der Nähe des Campingplatzes eine echte Wohltat.

Am folgenden Tag fuhren wir wieder in Richtung Norden, genauer gesagt nach Trogir. Die Altstadt von Trogir hat uns bereits beim letzten Kroatien-Urlaub 2018 begeistert. Daher mussten wir hierhin unbedingt nochmal einen Abstecher machen, durch die engen Gassen spazieren und in einem der kleinen Restaurants essen.

Am nächsten Morgen mussten wir früh aufstehen, da wir spontan eine Canyoning-Tour gebucht hatten. Ein bisschen Action muss halt auch sein im Urlaub. Die Canyoning-Tour fand im Cetina River statt, etwa 45 Minuten von Split entfernt. Wir erhielten unsere Ausrüstung, fuhren zum Cetina River und kletterten zunächst hinunter zum Fluss. Teilweise musste man sich an Seilen hinunterhangeln. Definitiv nichts für Leute mit Höhenangst!

Ausgestattet mit Neoprenanzügen, Schwimmwesten und Helmen wussten wir zunächst noch nicht richtig, was auf uns zukommt. Der Guide erklärte uns alles und schon waren wir im recht kalten Wasser angekommen. Beim Canyoning muss man teilweise Klettern, Schwimmen, Springen oder sich einfach in den Strömungen treiben lassen. Eine Menge Spaß! Besonders die Sprünge von den Felsen in das klare Wasser haben uns sehr gefallen, auch wenn ich mich zunächst überwinden musste. Dazu war die Kulisse atemberaubend. Zwischen hohen Felsen stach uns ein 25 Meter hoher Wasserfall ins Auge. Diesen muss man entsprechend „umklettern", um am unteren Ende wieder ins Wasser zu springen. Nach fünf Stunden Tour spürten wir dann auch langsam unsere Muskeln. Canyoning war ein großer Spaß für uns und ein Highlight dieses Urlaubs.

Wir hatten nach dem Canyoning noch eine dreistündige Fahrt ins Velebit-Gebirge vor uns. Am Abend kamen wir am Campingplatz an und fielen nur noch ins Bett. Der Campingplatz hatte neben den Wohnmobilstellplätzen auch einige kleine Hobbithäuschen zu bieten, in denen man übernachten konnte. Sehr süß und ein kleines bisschen Hobbiton mitten in Kroatien.

Im Internet hatten wir einige Zeit vor unserer Reise das Bärenrefugium in Kuterevo ausfindig gemacht. Hier wollten wir unbedingt am nächsten Tag hin. Unser Plan war es an diesem Tag schon wieder nach Österreich zu fahren und nur einen Zwischenstopp in Kuterevo einzulegen. Wir fuhren von der Autobahn ab und fanden uns gleich auf besseren Feldwegen wieder. Mit einem Wohnmobil recht abenteuerlich. Beim Bärenrefugium angekommen wurden wir bereits herzlich von den dortigen Volunteers begrüßt und machten uns sogleich auf zu den Bären.

Die Bären, die hier leben, wurden entweder von ihren Müttern verstoßen und hier aufgezogen oder sie wurden verletzt am Straßenrand in der Gegend gefunden und versorgt. Eine schöne Initiative, die wir gerne unterstützten. Das ganze Gelände ist frei zugänglich und kostet keinen Eintritt. Wir haben viel Zeit damit verbracht, die Bären aus nächster Nähe zu beobachten und waren wirklich begeistert. Nachdem wir ein bisschen Honig für zuhause kauften, der Erlös kommt dem Refugium zugute, ging es für uns weiter.

Wir fuhren über Slowenien nach Österreich, genauer nach Flachauwinkl. Hier hatten wir spontan über eine Camper-App einen Stellplatz an einem Bauernhof ausfindig gemacht, der kostenlos war und der ein gutes angrenzendes Restaurant zu bieten hat. Dank leckerer österreichischen Hausmannskost gestärkt, fielen wir abends nur noch todmüde ins Bett.

Am nächsten Morgen fuhren wir dann weiter nach Berchtesgaden. Hier unternahmen wir eine Schifffahrt auf dem Königssee und zur Kapelle St. Bartholomä. Wir picknickten auf einer der vielen Bänke auf dem Rundwanderweg. Eine malerische Kulisse umgab uns dabei. Eigentlich wollten wir in der Nähe von Berchtesgaden campen, aber da wir noch recht viel Zeit hatten, fuhren wir weiter in Richtung Prag.

Dort kamen wir am späten Abend an. Der Campingplatz, den wir uns zuvor aus dem Internet herausgesucht hatten, war nur leider komplett zu. Vermutlich hatte der Stellplatz auch in den letzten Wochen nicht einmal geöffnet gehabt. Also standen wir mitten im Dunkeln in Prag und mussten nun schnell eine Schlafstätte finden. Glücklicherweise war in der gleichen Straße noch ein anderer Campingplatz, wo wir sogleich anklingelten. Es machte jedoch auch hier keiner auf. Der Platz war aber besetzt und einige Wohnmobile standen bereits dort. Nach einigen Minuten kam die Besitzerin des Campingplatzes doch noch und hatte sogar noch einen Platz für uns frei. Wir hatten wirklich eine Menge Glück. Wären wir nur ein paar Minuten später angekommen, hätten wir die Campingplatzbesitzer vermutlich nicht mehr angetroffen, da diese kurz darauf zu Bett gingen. Wir stellten schnell unseren Camper ab und schliefen am nächsten Tag erst einmal ordentlich aus.

In Prag wollten wir das übliche Sightseeing-Programm unternehmen, also Karlsbrücke, Prager Burg und Altstadt. Empfehlenswert ist der Blick vom Turm der Prager Burg. Da unser Campingplatz ideal gelegen war, brauchten wir nur zehn Minuten mit der Straßenbahn in die Innenstadt. Und das für umgerechnet unter einem Euro Fahrpreis für die Bahn! Wer einmal in Prag Station macht, sollte auf jeden Fall eine Baumstriezel probieren. Das leckere, Kuchen ähnliche Gebäck ist hier Tradition und wird in unzähligen Varianten angeboten. Wir entschieden uns für eine Füllung mit Erdbeeren, Sahne und Eis. Zwar definitiv eine große Sünde, aber auch super lecker. Dafür fiel das Mittagessen dementsprechend kleiner aus, da der Snack sehr satt machte.

Prag hat uns mit seinen historischen Gebäuden und seiner Kultur sehr gut gefallen und wir kommen garantiert mal wieder, nicht nur auf ein Bier.

Ich wollte schon länger in die Sächsische Schweiz. Da aber immer etwas dazwischen kam oder ich anderweitige und weiter entfernte Urlaubsorte bevorzugte, hatte ich es bisher noch nicht in die Sächsische Schweiz geschafft. Daher haben wir auf unserer Roadtrip-Route diesen Abstecher mit eingeplant. Wir fuhren von Prag aus in zwei Stunden nach Rathen. Hier kann man tagsüber mit dem Wohnmobil auf einem großen Parkplatz parken und zu Fuß die Fähre über die Elbe auf die andere Seite nehmen.

Von hier startet die Wanderung zur berühmten Bastei. Insgesamt waren wir etwa fünf Stunden unterwegs. Zunächst passiert man die Schwedenlöcher, ehe man nach endlosen Treppen die Basteibrücke erreicht. Hierhin kann man theoretisch auch mit dem Auto fahren und sich die Wanderung sparen. Dementsprechend viele Touristen waren hier. Die Wanderung durch die Schwedenlöcher hat aber auch seine Highlights und ist sehr zu empfehlen. Hierhin gelangt man nur zu Fuß. Es gibt in der Sächsischen Schweiz unzählige Wanderwege. Die Wanderung an den Schwedenlöchern und der Bastei vorbei, ist sicherlich die beliebteste. Oben angekommen gibt es diverse Aussichtspunkte, von wo aus man einen tollen Blick auf das Elbsandsteingebirge und die Basteibrücke hat.

Das Freiluftmuseum hier oben lohnt sich (Eintritt 2€), da man von hier einen noch besseren Blick hat. Hier merkte ich wieder, dass auch Deutschland sehr schöne Ecken zu bieten hat. Man muss also nicht immer nur weit weg fliegen, um Landschaften zu genießen. Zurück ging es dann über Wehlen und mit der Fähre über die Elbe wieder auf die andere Seite. Am Ufer der Elbe wandert man dann zurück nach Rathen und kommt wieder am Parkplatz an. Eine schöne Rundtour, die anfangs wegen der vielen Treppen etwas anstrengend ist, aber die sich aufgrund der schönen Aussichtspunkte aber sehr lohnt.

Der Roadtrip neigte sich dann auch schon dem Ende und wir genossen die letzte Nacht in unserem Wohnmobil auf einem Campingplatz in der Sächsischen Schweiz mit einem schönen Schwimmbad. Ein letztes Mal Entspannen und die Freiheiten als Camper genießen. Am nächsten Tag fuhren wir wieder nach Hause und mussten unser liebgewonnenes Wohnmobil am darauffolgenden Tag schon wieder abgeben.

In den 19 Tagen waren wir in insgesamt sechs Ländern, haben so viele Dinge gesehen, dass wir uns später erst einmal sortieren mussten und haben die Freiheit gespürt, die man mit einem Camper eben genießen kann. Es war definitiv nicht unser letzter Urlaub mit einem Wohnmobil! Wir werden den Camper, der uns durch halb Europa begleitet hat, jedenfalls sehr vermissen.

Abbildung 11 Canyoning im Cetina River in Kroatien gehört zu meinen persönlichen Highlights

Nepal

Als ich meinen Arbeitskollegen und Freunden erzählte, ich würde nach Nepal fliegen, hatten die meisten erst einmal Neapel verstanden und im Kopf. Italien, ist ja nicht so weit. Als ich dann vom Wandern und den zu erwarteten Minus-Graden sprach, wurden die ersten stutzig und fragten nach. „Wohin geht‘s dieses Mal nochmal?“

Nepal, die große Unbekannte in Südasien, Heimat des höchsten Berges der Welt, aber sonst? Die Chance, dem Mount Everest nahe zu sein, gefiel mir und so buchte ich eine Trekkingtour in das Everest-Gebiet. Im November 2017 sollte es losgehen.

Reiseführer, Daunenjacke und Funktionsunterwäsche waren besorgt, dann konnte die Reise nach Nepal starten. Über Istanbul flog ich nach Kathmandu, die Hauptstadt Nepals und mit einer Millionen Einwohnern die größte Stadt im Land. Am Flughafen kaufte ich mir für umgerechnet ein paar Euro ein Visum, gab mein mitgebrachtes Passbild ab und durchlief die kleine Einreisezone, die schon bessere Zeiten gesehen hat. Später bemerkte ich erst, dass mir der Grenzbeamte ein Visum für 15 Tage in meinen Reisepass geklebt hatte, aber ich blieb doch 16 Tage. Die ganze Reise hatte ich daher Angst, aus irgendwelchen Gründen am Ende nicht mehr ausreisen zu dürfen. Das stellte sich aber glücklicherweise als falsch heraus und bei der Ausreise hatte sich keiner mehr mein Visum angeschaut.

Obwohl ich vorher noch nie in Asien war, hatte ich mir die Großstadt genauso vorgestellt: voll, unübersichtlich, Menschenmassen und staubig. Autofahren macht hier vermutlich keinen Spaß. Wie mir später erzählt wurde ist dies kein Wunder, kann man seinen Führerschein doch mit ein paar Rupien (die nepalesische Währung) ohne Fahrstunden und sonstigen Verkehrskenntnissen erwerben. Motorradfahrer, die hier den Autos den Rang abgelaufen haben, müssen einen Helm tragen, Beifahrer sind jedoch von der Helmpflicht befreit. Ich möchte nicht wissen, wie viele tödliche Unfälle auf den Straßen Kathmandus tagtäglich geschehen. Da lobe ich mir doch die deutsche Ordnung.

Neben den unzähligen Motorradfahrern ist das wohl zweitliebste Gefährt der Nepalesen die Rikscha. Überall sieht man Rikscha-Fahrer, die Menschen zur Arbeit bringen oder Unmengen an Ware an die Läden liefern. Die Fahrer haben trotz der großen Anstrengungen immer ein Lächeln auf den Lippen und tragen mit ihrer fröhlichen Art zu einem freundlichen Miteinander der unterschiedlichsten Bevölkerungsgruppen bei.

Buddhistische und hinduistische Tempel findet man hier an jeder Ecke, von Stupas bis zu Göttern, die beispielsweise bei Zahnschmerzen helfen sollen, wenn man einen Nagel in ein Holzstück schlägt. Die größte Stupa der Welt steht in Bodnath. Hierher kommen zahlreiche Gläubige, um ihren Glauben zu bestärken und Buddha nah zu sein. Leider sind einige religiöse Bauwerke und Häuser immer noch durch das schwere Erdbeben beschädigt, welches 2015 Tausende Todesopfer forderte und fast das gesamte Land verwüstete. Es ist noch eine Menge Aufbauarbeit nötig, jedoch fehlt es meist an Geld und Hilfen aus dem Ausland.

Im Einkaufsviertel Thamel sollte man als alleinreisende Frau starke Nerven besitzen. Alle paar Meter wollen hier

Schalverkäufer oder Klangschalenhersteller ihre Produkte zu einem natürlich unschlagbaren Preis verkaufen. So manches Schnäppchen ist hier im Vergleich zu europäischen Preisen bestimmt zu ergattern, aber die Aufdringlichkeit bei den europäischen Touristen ist definitiv gewöhnungsbedürftig und erfordert starke Nerven.

Doch ich bin nicht nach Nepal geflogen, um mir eine Großstadt anzusehen, sondern um zu wandern, umgeben von den höchsten Bergen der Welt. In Nepal liegen allein acht der 14 Achttausender dieser Welt, ein echtes Bergsteigerparadies also. Alle Bergsteiger müssen jedoch erst einmal in der Everest-Region ankommen. Und das ist mit jeder Menge Abenteuer verbunden. Der kleine Flughafen in Lukla ist einer der gefährlichsten Flughäfen der Welt. Zahlreiche tödliche Unfälle sind hier bereits geschehen.

Im kleinen inländischen Terminal des Flughafens von Kathmandu wurde kurz das Gewicht des Gepäcks gewogen, was hier besonders wichtig ist, da in dem kleinen Flugzeug nur etwa 20 Personen Platz finden und übermäßiges Gepäck schlimme Folgen haben könnte. Die Sicherheitskontrolle war im Vergleich zu den europäischen Standards ein kleiner Scherz. Man ging, ohne sein Handgepäck oder Ähnliches abzulegen, durch einen Metalldetektor und das war es! Andere Länder, andere Sitten dachte ich mir nur und wartete gemeinsam mit den anderen Passagieren auf meinen Flug. Mit einem Kleinbus wurden wir zu unserem Flugzeug gefahren, einer kleinen Propellermaschine der Fluggesellschaft „Yeti Air“. Klischeehaft eben!

Nachdem unser Gepäck verladen war, nahmen wir jeder einen Platz in dem Flieger ein. Die klappbaren Stoffsitze fühlten sich an wie Campingstühle. Nach dem Start sah man erst einmal, welch eine Staubwolke über der Millionenstadt Kathmandu lag. Schnell also raus aus dem Smog und rein in die Berge! Der Flug dauerte etwa eine Dreiviertelstunde. Schon bald sah man die saftgrünen Berge des Annapurna-Gebirges und seine kleinen Dörfer. Bald danach kamen die richtig hohen Berge der Everest-Region in Sichtweite und alle zückten sofort die Kamera beim Anblick des Mount Everest, mit 8.848 Metern Höhe der höchste Berg der Welt. Nun folgte der interessanteste und gefährlichste Teil des Fluges, nämlich die Landung in Lukla.

Das kleine Bergdorf ist zum Mekka für alle Bergsteiger für die Region geworden, da alle Reisenden zunächst einmal hier landen müssen. Kein leichtes Unterfangen, da der Flughafen, wenn man ihn aufgrund seiner geringen Größe überhaupt Flughafen nennen kann, an einer Klippe liegt, an der es Tausende Meter in die Tiefe geht. Auf der anderen Seite der kurzen Landebahn ragt eine Felswand mehrere Hundert Meter in die Höhe. Wenn hier einmal ein Pilot nicht bremsen kann, hat keiner mehr eine Chance. Unser Pilot hatte anscheinend genug am Flugsimulator geübt und so landeten wir zwar ruckelig, aber sicher in Lukla. Das Abenteuer konnte beginnen!

Der Flughafen in Lukla liegt etwa 2.800 Meter hoch. Mein bisher höchster Berg, den ich bestiegen hatte, war die Zugspitze, nur unweit höher. Schon standen unsere Guides bereit, die uns auf dem Weg zum Everest Basislager begleiten würden. Zudem stand ein „Yak-Führer“ bereit, der sogleich unser Gepäck auf die sechs Yaks verteilte. Da wir fast zwei Wochen unterwegs sein würden, reichte mein Tagesrucksack natürlich nicht aus. Für das Hauptgepäck waren daher die Yaks zuständig, die uns bis zur höchsten Hütte folgten. Eine unglaubliche Leistung der Tiere, die ich in der Zeit sehr zu schätzen und lieben gelernt habe. Trotzdem sollte man bei den Yaks vorsichtig sein, vor allem beim Überholen auf den schmalen Wegen, um nicht von den Yaks hunderte Meter in die Tiefe gestoßen zu werden. Auch solche Unfälle hat es schon oft gegeben.

Nun rein in das Abenteuer und auf die erste Tour bis nach Phakding. Eine gute Akklimatisation ist wichtig, damit sich der Körper an die veränderten Bedingungen, wie der dünnen Luft, gewöhnen kann. Zum Glück waren die ersten Etappen relativ leicht zu begehen und der langsame und stetige Aufstieg gut zu bewältigen. Anfangs fragten wir uns, warum der Gruppenführer so langsam ging, aber später wussten wir warum. In den höheren Lagen kamen wir schließlich an unsere Grenzen und mussten teilweise sogar abreißen lassen. Langsames Wandern, aber stetig ist hier besonders wichtig, um auch in größerer Höhenlage noch genügend Energie zu besitzen.

Zudem ist viel trinken in diesen Höhen das oberste Gebot. Mindestens vier Liter am Tag, um das verdickte Blut in höheren Lagen zu verdünnen. Viele Touristen greifen zum umstrittenen Diamox, welches das Blut verdünnen soll, jedoch auch einige Nebenwirkungen mit sich ziehen kann. Bei akuter Höhenkrankheit ist es jedoch meist überlebenswichtig. Im Alltag trinke ich normalerweise maximal 1,5 Liter am Tag. Für mich waren die geforderten vier Liter also definitiv eine Herausforderung.

Belohnt wurde man bereits nach der zweiten Etappe mit dem ersten Blick auf den berühmt berüchtigten Mount Everest, benannt nach dem Vermesser George Everest, oder auf Nepali „Sagarmatha“ genannt. Der Weg führt über eine etwa hundert Meter hohe Hängebrücke, die über den Fluss Dudh-Khosi führt. Nichts für Menschen mit Höhenangst! Die Brücke wurde einst von Edmund Hillary initiiert, der am 29. Mai 1953 gemeinsam mit dem Sherpa Tenzing Norgay zum ersten Mal den Mount Everest bestieg und Geschichte schrieb.

Die Brücke ist zudem sehr wichtig für die Region, da alle Lebensmittel und sonstigen Waren über Esel, Yaks oder die Sherpas über diese Brücke nach oben getragen werden müssen. Liebevoll wird dieser Abschnitt „Khumbu Highway“ genannt, entsprechend der Region Khumbu. Aufpassen muss man, wenn Yaks oder Esel entgegenkommen und man schlecht ausweichen kann. Besser man wartet am anderen Ende der Brücke ab, bis die Karawane vorbeigezogen ist.

Im einzigen größeren Ort Namche Bazar, der sogar eine kleine Disco und zahlreiche Souvenirgeschäfte bietet, legten wir den ersten Akklimatisationstag ein, an dem eine Wanderung ins nahegelegene Dorf Khumjung auf dem Plan stand. Hier gibt es sogar ein kleines Krankenhaus, das für die Dorfbewohner eine echte Verbesserung der Lebensumstände darstellt und die frühe Sterblichkeitsrate im Khumbu-Gebiet etwas nach unten schraubt. In Namche Bazar spazierte ich am Abend durch die engen Gassen. Eine Mütze und ein Tuch als Erinnerung an dieses Abenteuer kaufte ich mir aber erst auf dem Rückweg, um nicht unnötig viel Gepäck mitzunehmen.

Namche Bazar liegt auf 3.440 Meter Höhe, also noch knapp 2.100 Höhenmeter bis zu meinem Ziel, dem Gipfel des Kala Pathar auf 5.644 Metern! Nun wurden die Anstiege steiler und die Etappen länger. In Tengboche kann man den Blick auf die höchsten Berge der Welt perfekt vom Kloster aus genießen. Mit meiner Kamera fotografierte ich auf den Wanderungen so gut es ging. Mein Handy dagegen hatte ich meist ausgeschaltet. Handyempfang hat man selten auf der Tour. Im Vorfeld sollte man seine Freunde und die Familie also „vorwarnen“, dass man sich nicht melden kann. Ein paar Tage ohne die aktuellen News, Nachrichten von Freunden und Fußballergebnisse sind auch wirklich mal schön…

Der nächste Akklimatisationstag folgte in Dingboche auf 4.410 Metern. Die ersten Krankheitserscheinungen und Kopfschmerzen machten sich bei allen in unserer Trekkinggruppe breit. In dieser Höhe jedoch für „Flachländer“ wie mich auch vollkommen normal. Trotzdem sollte man auf seinen Körper hören und vorsichtig sein, da es die ersten Anzeichen der Höhenkrankheit sein können, die schlimmstenfalls tödlich enden kann. Wir sahen einige Wanderer, die mit Pferden nach Lukla transportiert werden mussten, da sie so geschwächt waren, dass sie es aus eigener Kraft nicht mehr geschafft hätten.

Nachts wurde es immer kälter, obwohl wir nicht in Zelten, sondern in kleinen Hütten schliefen. Die Toiletten froren ein und Trinkflaschen nahm man besser in seinen Schlafsack mit, wenn man morgens kein Eis lutschen wollte. Ein guter Schlafsack macht sich hier auf jeden Fall bezahlt, trotzdem schlief ich mit Mütze und Handschuhe eingekleidet. Etwas ungewohnt aber absolut notwendig. Im Gemeinschaftsraum wird abends ungewöhnlicherweise mit Yakdung geheizt, aber solange es halbwegs warm ist, ist der Gestank doch nebensächlich…

Sobald der Ofen sich abkühlte, krochen die ersten unserer Trekkinggruppe in ihren Schlafsack und freuten sich bereits auf warme Getränke am nächsten Morgen.

Am nächsten Akklimatisationstag wanderten wir auf den Hausberg Dingboche Ri, mit 5.080 Metern mein erster Fünftausender! Oben merkte ich bereits die zunehmend dünne Luft und wurde dadurch immer langsamer. Die Sherpas, die uns begleiteten und diese Höhen natürlich gewohnt sind, sind einfach bewundernswert. Wie Himalaya-Gämsen klettern sie auf die höchsten Berge und kommen scheinbar gar nicht aus der Puste oder ins Schwitzen. Für mich sind die Sherpas die heimlichen Helden in dieser Region. Sie tun alles dafür, um ihre Familien ernähren zu können, stöhnen nicht und haben sich seit Jahrzehnten an die Höhenluft gewöhnt.

Auf dem Dingboche Ri angekommen war der kleine Gipfelerfolg ein erstes Highlight auf dieser Tour. Durch herrliches Wetter und eine tolle Sicht auf Everest, Lhotse und Co. knipste meine Kamera im Dauertakt. Wir holten erst einmal Luft und genossen die Aussicht. Anschließend machten wir ein Gruppenfoto, da alle Trekkingteilnehmer mittlerweile auf dem Gipfel angekommen waren. Das war alles andere als selbstverständlich, wie unser Guide uns mitteilte. Trotz der Anstrengungen und Luftknappheit waren wir froh, dass wir es alle gemeinsam geschafft hatten. Mittlerweile kannten wir uns schon etwas besser und motivierten uns gegenseitig. Die bunt gemischte Gruppe verstand sich aufgrund der gemeinsamen Ansichten und Wanderfreude sehr gut, auch in den Extremsituationen.

Der Abstieg war dann deutlich entspannter und schneller, sodass wir gegen Mittag bereits wieder in unserer Lodge ankamen und den Gipfelerfolg trotz Müdigkeit etwas feiern konnten.

Nun ging es in die heiße Phase der Reise. Über Lobuche gingen wir bis auf 5.100 Meter nach Gorak Shep. Hier stehen die letzten Hütten vor dem Everest Base-Camp und der Bergwand an der Grenze zu Tibet. Von hier aus geht es über Geröll in Richtung Everest-Base-Camp, an dem man nach etwa drei Stunden Wanderung angelangt. Der letzte Anstieg ist noch einmal kräftezehrend, jedoch ist es ein tolles Gefühl, am Base-Camp zu stehen, auch wenn zu dieser Zeit keine Expeditionen vor Ort waren.

Abbildung 12 Angekommen am Mount-Everest-Basislager auf 5.364 Meter

Die meisten Everest-Expeditionen starten im Mai, dann wird es entsprechend voller. Dieser Ort wird dann eine kleine Zeltstadt mit vielen bunten Zelten der verschiedenen Expeditionen. Ein kleines Schild macht auch wenn nichts los ist deutlich, dass man am Everest-Basislager auf 5.364 Metern Höhe angekommen ist.

Vom Everest-Basislager aus starten nahezu alle Everest-Expeditionen, sodass in der „Gipfelzeit" im April und Mai ein richtiges kleines Dorf mit Köchen, Ausrüstungszelten und diversen Expeditionen aus den unterschiedlichsten Ländern entsteht.

Der Blick auf den Khumbu-Gletscher und den scheinbar so nahen Everest ist einmalig. Trotz der Schönheit der Natur wurde der Klimawandel hier deutlicher denn je. Obwohl die Gletscher immer noch riesig sind, werden sie Jahr für Jahr kleiner. Unser Guide erzählte, dass er bereits die Jahre zählt, bis hier nur noch Geröll liegen wird statt Gletschereis. Wieder ein „Irgendwann"-Moment. Irgendwann, und die Berechnungen sind bedrohlich, wird es hier kein Eis mehr geben. Der Meeresspiegel steigt durch den Klimawandel an und es wird Probleme geben aufgrund des Platzmangels auf dieser Erde.

Wenn wir jetzt nicht etwas tut und die Natur schützen, werden diese Naturwunder irgendwann verschwinden. Der Ausblick auf den Khumbu-Gletscher brachte mich zugleich zum Staunen als auch zum Nachdenken. Meine Kinder und Enkelkinder werden diese Naturwunder, die ich bislang sehen konnte, vielleicht nur noch aus alten Filmen und Fotos kennen. Der Lebensraum der Tiere wird durch uns Menschen zerstört.

Und fast jedes der Naturwunder dieser Erde und viele Tierarten sind vom Klimawandel betroffen. Natürlich weiß ich, dass ich aufgrund meiner Fernreisen nicht unbedingt zu einer guten CO^2-Bilanz beitrage. Ich versuche in Zukunft häufiger Urlaube ohne Flüge zu buchen und unterstütze auf meinen Reisen Tierschutzprojekte. Reiselust und Naturschutz, wie gehört dies zusammen? Es gilt, den richtigen Mittelweg zu finden und den Klimaschutz auf seinen Reisen nicht außer Acht zu lassen.

Wieder angekommen in der Lodge in Gorak Shep ging es schnell ins Bett. Schließlich war am nächsten Tag der Gipfeltag auf den Kala Patthar geplant, das heißt 4.30 Uhr aufstehen und 5 Uhr losgehen!

Hier zu schlafen macht aber einfach keinen Spaß und zum ersten Mal in meinem Leben musste ich eine Kopfschmerztablette einnehmen. Mit halb gefrorenem Wasser natürlich. Umso glücklicher war ich, als es nach ein paar schlaflosen Stunden endlich losging und wir mit Stirnlampen bewaffnet in eisiger und sternenklarer Nacht die ersten Höhenmeter bewältigen.

Der Sonnenaufgang in den Bergen ist unvorstellbar schön. Jetzt weiß man, warum man so früh aufgestanden ist und nicht im kuscheligen Schlafsack geblieben ist. Mit zunehmender Höhe wurde auch die Luft immer dünner. Häufige Pausen waren die Folge und der warme Tee in den Thermoskannen schmeckte in der Eiseskälte umso besser. Der Berg wollte und wollte nicht aufhören und als ich endlich den Gipfel mit seinen Gebetsfahnen sah, wusste ich, es wird trotzdem noch ein harter Weg bis dahin. Die letzten 100 Höhenmeter bis nach oben waren für mich wirklich grausam. Alle fünf Meter musste ich stehenbleiben und tief ein- und wieder ausatmen. So extrem hatte ich es mir nicht vorgestellt, bin ich doch eigentlich recht gut trainiert. Aber die Höhenluft hat eben seine Tücken.

Am Gipfel überkam mich dann neben der Atemnot ein einzigartiges Glücksgefühl. „Ich habe es geschafft“, dachte ich und genoss für einige Augenblicke einfach nur die grandiose Aussicht. Trotz eisiger Kälte und der Tatsache, dass ich meine Zehen kaum mehr spürte, war es eine gute Entscheidung gewesen, den Berg bewältigen zu wollen. Ich schoss einige Fotos und posierte mit einem extra mitgenommenem BVB-Schal und meinem Kuschel-Känguru vor dem Everest. So schnell werde ich schließlich bestimmt nicht mehr hierhin kommen. Mit dem jungen Sherpa Mingma, der den BVB schon einmal im Fernsehen gesehen hatte, schoss ich ein Foto mitsamt schwarz-gelben Schal. Ich war stolz, dass ich es endlich auf den höchsten Punkt dieser Tour geschafft hatte und Mingma war sichtlich stolz, dass er gemeinsam mit einem Dortmund-Fan, der nur 20 Kilometer vom Stadion entfernt wohnt, ein Foto schießen konnte.

Dieses „Stolz“-Gefühl gibt es im Alltag eher selten. Klar wird man auch auf der Arbeit mal gelobt oder hat im Fußball ein wichtiges Tor geschossen. Aber wirklich etwas mit seiner ganzen Energie und seinem Willen allein geschafft zu haben, dieses Gefühl habe ich fast ausschließlich auf Reisen und speziell bei Gipfelerfolgen. Dazu kommt, dass ich sehr selbstkritisch bin und ich mir im alltäglichen Leben oft denke, dass es eigentlich noch besser geht, auch wenn es vielleicht schon ganz gut läuft. Stolz auf sich zu sein muss eben auch gelernt werden und wo klappt es besser als auf 5.644 Metern Höhe, dem Gipfel des Kala Patthar.

Als die Morgensonne endlich herauskam, wurde es gleich viel wärmer und ich vergaß sofort die Strapazen, die der Gipfel von mir gefordert hatte. „Dieser Moment ist nur für dich allein“, dachte ich mir und versuchte, die Bilder in meinem Gedächtnis zu speichern. Nur ganz wenige Menschen auf der Welt kommen jemals hierher und du bist einer davon! Genieße die Einzigartigkeit des Moments, du wirst ihn mit so vielen Menschen teilen, die niemals die Möglichkeit dazu haben werden, genau dort zu stehen, wo DU gerade stehst!

Auf meinen Reisen habe ich stets mein kleines Notizbuch dabei, um mir jeden Abend alles über den Tag aufzuschreiben. In den großen Höhen funktionierte dabei teilweise mein Kugelschreiber nicht mehr, sodass das Handy herhalten musste. Ich finde es wichtig, die Gedanken vor Ort festzuhalten, da die Anstrengungen und Erlebnisse schon Tage danach nicht mehr ganz real sind und möglicherweise die Strapazen schnell als nicht mehr so groß gewertet werden. Hätte ich diese Gedanken in den speziellen Momenten nicht, wäre dieses Buch wahrscheinlich eine fiktive Geschichte geworden mit all den abgemilderten Gefühlen. Die zehn Minuten nahm ich mir jeden Abend, um meinen Tag zu beschreiben, meist auch noch das Essen und das Wetter zu notieren und meine Gedanken zu sortieren. Zusätzlich benutzte ich das Notizbuch auch zum Aufschreiben der Rommé-Spielstände oder als Ausgabenkontrolle. Eben ein Buch für alle Fälle. Die Strapazen des Gipfelsturms auf den Kala Patthar hatte ich schon Tage danach wieder vergessen. Umso besser, dass ich die Momente kurz vor dem Aufgeben direkt in mein Notizbuch schrieb.

Beim Abstieg vom Kala Patthar merkte ich, wie sich mit jedem Höhenmeter, den ich hinunterging, die Lungen wieder mit mehr und mehr Sauerstoff füllten. Gut, dass es morgens noch so dunkel war, denn als ich hinunterging, merkte ich erst einmal wie steil die Anstiege teilweise waren.

Um 10 Uhr kamen wir wieder in unserer Lodge an und wurden von den anderen Teilnehmern der Trekkingtour, die aus gesundheitlichen Gründen den Gipfelsturm nicht mitmachen konnten, empfangen. Nur vier der zwölf Teilnehmer hatten den Gipfel in Angriff genommen und erfolgreich bestiegen. Viel Zeit blieb jetzt nicht, da wir am selben Tag noch einen weiten Abstieg bis auf 3.900 Meter zum Ort Pangboche vor uns hatten. Aber dort wartete immer mehr Sauerstoff auf meine Lunge, bestimmt eine Wohltat!

Später erfuhren wir, dass in der Nacht, bevor wir in der Lodge in Gorak Shep auf 5.200 Metern übernachtet hatten, zwei Chinesinnen gestorben waren, vermutlich aufgrund von Sauerstoffmangel und fehlender Flüssigkeitsaufnahme. So schnell kann das gehen, dachte ich mir und war doch froh, dass wir nun den Abstieg antraten.

Dieser kann ja nicht so anstrengend sein, könnte man meinen, jedoch heißt „Abstieg“ in Nepal nicht nur bergab, sondern stets ein Auf und Ab, mit mehreren Steigungen und starken Abstiegen. Nach insgesamt zwölf Stunden Wanderung an diesem Tag kamen wir schließlich erschöpft in Pangboche an und freuten uns auf unsere Schlafsäcke.

Der Husten und Schnupfen, der mit der Reise quasi mitgebucht wird, machte allen Gruppenteilnehmern zu schaffen. Aber auch den Ingwertee, der bei jedem Mittag- und Abendessen serviert wurde, konnte man nach einigen Tagen nicht mehr sehen… Mittlerweile habe ich eine richtige Ingwer-Sperre durch diese Reise. Schon der Geruch ist mir ein Dorn im Auge. Ansonsten kann man zum Essen im

Everest-Gebiet nur sagen, dass sich die Gastgeber die beste Mühe geben, um den Ansprüchen gerecht zu werden. Auf fettiges Essen sollte man aufgrund der eventuellen Magenbeschwerden in der Höhe verzichten. Somit gab es oft das Nationalgericht Dal Bhat, Gemüse, Soße und Reis, auf den verschiedenen Hütten. Eine der diversen Mittagspausen verbrachten wir im Haus eines ehemaligen Everest-Besteigers. Ganze elf Mal bestieg der Besitzer der Gastlodge den höchsten Berg der Welt. Einmal mit ihm ganz locker zu sprechen und sogar von ihm bekocht zu werden, war eine tolle Erfahrung.

Auf dem Weg in wieder erträgliche Höhen, kommt man auch der Zivilisation wieder etwas näher. Gab es in der höheren Lage, wenn überhaupt Plumpsklos, wurde es unter 3.500 Meter etwas „luxuriöser". Aber auch hier gibt es keine richtigen Duschen. Also musste die Körperpflege 13 Tage lang auf sich warten. Kein heißes Wasser, Plumpsklos, keine Heizung, aber es war definitiv auch eine Erfahrung wert. Dadurch lernt man sein doch recht luxuriöses Leben zuhause erst einmal schätzen.

Nach zwölf Tagen Trekking und diversen Lodgeübernachtungen kamen wir endlich wieder in Lukla an und konnten in einer Lodge direkt neben dem Flugplatz einen entspannten Abschied aus dem Everest-Gebiet feiern. Wir hinterließen den Sherpas einige Sachen unserer Trekkingausrüstung, die uns teilweise nur mit Turnschuhen begleiteten. Sie hatten es wirklich nötig, da sie diesen Knochenjob jede Woche neu antreten. Dem Sherpa Mingma schenkte ich meinen BVB-Schal, um auch ihm eine kleine Erinnerung mitzugeben. Und wer weiß, vielleicht ist er mittlerweile mit diesem Schal schon auf dem Gipfel des Mount Everest gewesen…

Erst fünf Tage, nachdem ich auf dem Gipfel des Kala Patthar gestanden habe, dem Tag des Derbys zwischen Dortmund und Schalke, was seit jeher eine große Rivalität in unserer Familie bedeutet, erfuhr ich von dem Ergebnis – ein 4:4 nach 4:0 Führung für Dortmund. Nur gut, dass ich das nicht mitbekommen habe. Der fehlende Handyempfang hat eben auch seine guten Seiten…

Am nächsten Tag sollte unser Flieger zurück nach Kathmandu bereits um 6.45 Uhr morgens gehen. Allerdings flogen einen Tag zuvor keine Flugzeuge von Lukla aus, da hier oft das Wetter einen Strich durch die Rechnung macht und dann hunderte Trekker in Lukla stranden. Die einzige Möglichkeit besteht manchmal mit einem Helikopter nach Kathmandu zu fliegen, allerdings zu extrem hohen Kosten.

Wir hatten Glück und konnten als einer der letzten Flieger für diesen Tag gegen 7.30 Uhr in unser Flugzeug steigen. Der Start war wirklich sehr abenteuerlich. Das Flugzeug steuerte mit Vollgas auf die Klippe am Ende der Landebahn zu. Einmal kurz hochgezogen und wir waren in der Luft. Zum Glück! Ein letzter Blick aus dem Flugzeugfenster auf die schönsten Berge dieser Erde und schon waren wir wieder angekommen in der Zivilisation.

Denkst du. Wegen Nebels wurde der Flughafen in Kathmandu gesperrt, sodass wir erst im Flugzeug erfuhren, dass wir eine ungeplante Zwischenlandung in Pokhara haben werden. Gut, ein bisschen der Annapurna-Region aus dem Flugzeug zu sehen hat auch etwas. Nach einer Stunde Aufenthalt konnten wir aber wir geplant nach Kathmandu weiterfliegen. Willkommen, die staubige Stadt hat mich wieder!

Zunächst ging es aber ins Hotel und für alle Gruppenteilnehmer vermutlich erst einmal unter die Dusche. Wie wohltuend eine Dusche nach so langer Zeit doch sein kann! Vielen Menschen, die in guten Verhältnissen leben, kann ich empfehlen, einmal solch eine Tour mitzumachen. Eine warme Dusche, Trinkwasser, Heizung oder gar Handyempfang sind hier überhaupt nicht selbstverständlich. Wie Menschen hier dauerhaft leben können, ist für mich zumindest nicht vorstellbar. Für mich gehört diesen Menschen der allerhöchste Respekt. Eine Erfahrung ist die Reise daher auf jeden Fall wert.

Am Abend fand ein 3-Gänge-Abschiedsessen in einem lokalen Restaurant in Thamel statt. Obwohl die Verpflegung auf dem Everest-Trek sehr gut war, genoss ich das „Luxusessen" mit frischen Getränken ohne Ingwertee sehr. Ein sehr leckeres Essen, was den speziellen abenteuerlichen Urlaub perfekt abrundete.

Am nächsten Tag wollte ich etwas durch das Viertel Thamel spazieren und ein paar Erinnerungsstücke und Mitbringsel für meine Familie kaufen. Ich versuchte an einem Bankautomaten Geld abzuholen, der ohnehin nicht ganz vertrauenswürdig aussah. Die Sorge war nicht ganz unbegründet, da die Karte für mehrere Minuten verschwunden schien, das erwartete Geld aber nicht aus dem Geldschlitz kam. Na super. Hat der Automat nun das Geld von meiner Karte abgezogen und nur nicht die Scheine ausgespuckt? Ich versuchte es noch einige weitere Male, jedoch ohne Erfolg. Auch andere Bankautomaten in der Nähe funktionierten nicht. Glücklicherweise hatte ich noch ein paar Euroscheine in meinem kleinen Reise-Portemonnaie und so konnte ich die Scheine an einer nahen Wechselstube zu einem wirklich schlechten Kurs umtauschen. Später fand ich heraus, dass meine Bank die Karte gesperrt hatte, da sie „ungewöhnliche Aktivitäten aus dem Ausland“ aufgezeichnet hatte. Ich konnte mich später schnell erklären und habe seitdem keine Schwierigkeiten mehr, in fernen Ländern Geld abzuheben. So konnte die kleine Einkaufstour am letzten Tag in Nepal doch starten.

Nach dem letzten Tag in Kathmandu ging es dann über Istanbul wieder zurück ins winterliche Deutschland. Mit dem Gipfelerfolg in der Tasche konnte ich meinen Freunden und Bekannten dann zuhause die Geschichten dieser Trekkingtour erzählen. Meine Oma bat mich nur, solch einen Urlaub erst einmal nicht wieder zu machen, zu viel Sorgen hat sie sich während der zweieinhalb Wochen gemacht.

Man kann auch am Strand in Holland einen super Urlaub verbringen. Aber die Zeit in Nepal und die vielen Eindrücke werde ich nie vergessen, genauso wie die einzigartigen Menschen, die diese Reise zu etwas ganz Besonderem gemacht haben. Zudem kommt die Überwindung der eigenen Grenzen, die mich in meiner persönlichen Entwicklung weitergebracht hat. Auch wenn ich am Gipfeltag an meine Grenzen gestoßen bin, war der Wille stärker. Dadurch bin ich einfach weitergelaufen, habe ein Fuß vor den anderen gesetzt und versucht, so viel Sauerstoff wie in diesen Höhen möglich aufzunehmen. Ich habe nicht nur einmal gedacht, dass ich es nicht auf den Gipfel schaffen würde. Doch letztlich hat der Wille gesiegt und mir diese wunderschönen Erinnerungen geschenkt. Aufgeben ist schließlich nie eine Option.

Abbildung 13 Mit dem Sherpa Mingma auf dem Gipfel des Kala Patthar auf 5.644 Meter

Europa

Die Länder in Europa aufzuzählen, die ich bereits bereist habe, würde den Rahmen hier wohl sprengen. Auf meiner Rubbelweltkarte, die mittlerweile Standard in den Wohnzimmern der Reisenden geworden ist, ist Europa bei mir bereits sehr bunt gerubbelt. Ob Wochenendtrip nach England, Sommerurlaub in Portugal oder verlängertes Wochenende in Holland, die Wege in Europa sind im Vergleich zu den anderen Kontinenten sehr kurz. Auch mit Kindern und mit wenigen Urlaubstagen lassen sich so unvergessliche Urlaube verbringen. In diesem Kapitel beschreibe ich euch meine Highlights aus diversen Europaurlauben, mal war es nur ein Wochenendtrip, mal eine dreiwöchige Reise:

In besonderer Erinnerung geblieben sind mir mein erster „All-inklusive" Urlaub in der Türkei (ich war gerade sechs Jahre alt), mein erster gemeinsamer Urlaub mit meinem jetzigen Ehemann in Kroatien und die vielen Wochenendtrips nach Paris, London, Budapest, Dresden, Rom, Barcelona, Brüssel und Berlin.

Im besagten „All-inklusive" Urlaub in der Türkei im Jahr 2001 wanderten wir an einem Tag mit der ganzen Familie zu einem historischen Turm. Das Straßenschild „Kuhle Tower Turm" bereitet mir heute noch ein Schmunzeln und veranlasste uns 2001 für ein super cooles Foto mit meinen Brüdern vor diesem Schild, inklusive Sonnenbrille und Lolli. Von dem Turm weiß ich leider nichts mehr, man erinnert sich eben nur an die damals wirklich wichtigen Dinge. Typisch Kindheitserinnerungen.

Auch in Erinnerung geblieben ist mir eine Bootsfahrt zu diversen Höhlen, in denen man schwimmen konnte. Etwas Überwindung war damals nötig beim Springen vom Boot in das türkisblaue Wasser.

Abends fanden in dem Ferienclub diverse Shows statt. An einem Abend nahmen wir in einer der letzten Reihen Platz und schauten uns eine Fakirshow an. Nach einigen Tricks und einer kleinen Feuereinlage wurde dann ein Freiwilliger aus dem Publikum gesucht. Da sich keiner meldete, wurde letztlich einer bestimmt.

Mein Vater saß mit verschränkten Armen neben uns und filmte das ganze Spektakel. Schließlich kam der Fakir in unsere Reihe und beschloss ihn auf die Bühne zu holen, da er der ganzen Show etwas lustlos zugesehen hatte. Er hatte keine Wahl und wurde kurzerhand auf die Bühne geholt. Nun war er Teil der Show und musste sich vom Fakir hochheben lassen, während dieser über Scherben lief. Seit dieser Showeinlage sitzt mein Vater garantiert nicht mehr gelangweilt in der letzten Reihe. Die Gefahr, dann als Freiwilliger ausgewählt zu werden, ist ihm zu groß.

Mit meinen sechs Jahren war der Türkei-Urlaub ein Highlight, welches ich auch Jahre später in Teilen noch genauestens wiedergeben kann. Natürlich sind einige Erinnerungen mittlerweile verschwommen oder ganz verschwunden, aber an einige Erlebnisse kann ich mich auch fast 20 Jahre später noch gut erinnern. Das zeigt, dass mich die Erlebnisse dort sehr geprägt haben.

-

Bei unserem Sommerurlaub an die Algarve im Sommer 2019 wurden mein Ehemann und ich von wunderschönen riesigen Muscheln am Strand überrascht, die seither unser

Badezimmer schmücken. Nicht ganz legal vielleicht, diese einfach mitzunehmen, aber das musste einfach sein.

Die Ponta de Piedade ist fast schon ein Hotspot für alle Europareisenden geworden. Kein Wunder bei dieser Schönheit der Natur. Auch lohnenswert ist die Höhle Benagil, die man nur vom Wasser aus erreichen kann. Oberhalb der Höhle kann man wunderschöne Spaziergänge an der Küste machen und das Meer beobachten. Die Küstenstraße lohnt sich ohnehin auch mit dem Auto, um einfach mal die Seele baumeln zu lassen und sich den Wind um die Ohren wehen zu lassen.

Die unzähligen Strände der Algarve haben jeder etwas für sich, ob Einsamkeit, schöne Felsformationen im Meer, weinrote Felsschichten am Strand oder einfach nur einen wunderschönen Sandstrand. Innerhalb einer Woche haben wir zwar einige Strände besuchen können, aber um wirklich alle Strände der Algarve zu sehen, benötigt man schon ein paar Wochen.

Trotz "nur" einer Woche in Albufeira an der Algarve haben wir viel gesehen, erlebt und ausprobiert. Der Strand Praia da Falesia ist ein sehr weitläufiger Strand, der förmlich zu langen Strandspaziergängen einlädt. Die großen roten Felsen im Hintergrund geben dem Ganzen das gewisse Etwas. Der Atlantik war, wie zu erwarten, mit 17 Grad recht kühl, jedoch eine gute Abkühlung. Der "Hausstrand" von Albufeira ist der Praia dos Pescadores und liegt direkt in der belebten Stadt. Hier gibt es sogar einen Aufzug, der einen bequem direkt zum Wasser bringt. Definitiv einzigartig!

Portugal ist ein typisches Land für Surfer. Als Adrenalinjunkie durfte dies natürlich in der Urlaubsplanung nicht fehlen und so buchten mein Mann Kai und ich bereits im Vorfeld einen Surfkurs. Trotz einiger Anfangsschwierigkeiten und literweise Salzwasser, welches ich schluckte, klappte es am Ende recht gut und die ersten Stehversuche auf dem Surfbrett waren erfolgreich. Das Surfen machte mir direkt Spaß und so buchte ich einen weiteren Tag, um das Erlernte zu vertiefen. Das richtige Timing und das Gefühl sind beim Surfen allgegenwärtig und so dauert es seine Zeit, bis man dies vertieft hat. Aufgeben ist auf jeden Fall keine Option. Es war sicherlich nicht das letzte Mal, dass ich in den Wellen gesurft bin!

Nachmittags fuhren wir noch zum Praia da Coelha, ein relativ unbekannter Strand, der aber mit seinen schroffen Felsen und tollen Felsformationen wunderschön ist. Hier gibt es Felsen, durch die man, je nach Wasserstand, spazieren kann. Der Strand war sehr wenig besucht, sodass wir hier super Fotos machen konnten. Vielleicht auch, weil der Parkplatz etwas oberhalb des Strandes liegt und man etwa 300 Meter zum Meer laufen muss. Nichts für faule Urlauber also, aber super lohnenswert.

Am nächsten Tag fuhren wir mit unserem Mietauto zunächst zur Westküste an den schönen Ort Carrapateira. Hier sind die Natur und das Meer wieder ganz anders und die Wellen viel größer. Zudem gibt es Steilküsten, an denen ein holpriger Besucherweg entlangführt. An den vielen Aussichtspunkten kann man die Landschaft genießen. Es gibt kleinere Wanderwege, an denen man die Küste noch einmal von einer ganz anderen Seite erkunden kann. Surfer sind hier ohnehin zuhause und nutzen die hohen Wellen des Atlantiks perfekt aus.

Anschließend ging es für uns zum südwestlichsten Punkt Europas, an den Cabo de Sao Vicente. Hier gibt es neben einem Leuchtturm auch eine deutsche Bratwurstbude zu entdecken, die unbedingt von uns probiert werden musste. Man bekommt sogar ein Zertifikat, dass man an der letzten Bratwurstbude vor Amerika gegessen hat. Die Aussicht von hier ist, neben der Bratwurst, aber auch überragend.

Im nahe gelegenen Sagres kann man eine Festung besichtigen oder bei einem Stadtbummel das sonnige Wetter genießen. Wir fuhren weiter zur Ponta de Piedade, einer berühmten Landzunge, bei der verschiedene Felsen im Meer den Ausblick perfekt machen.

Neben Boots- und Kayaktouren kann man hier an den versteckten Stränden, wie dem Praia do Camilo, die Landschaft genießen und sogar zwischen den Felsen entlang schwimmen. Eine lange Treppe führt zu diesem Strand, der durch einen Tunnel geteilt ist. Auch hier muss man aufpassen, dass das Meer einem den Weg zurück nicht versperrt und man trockenen Fußes zurückkommt. Der Praia Dona Ana ist ein größerer und beliebterer Strand, der direkt in der nahen Umgebung liegt.

In Portimao lässt sich schön an der Hafenpromenade entlang spazieren. Hier gibt es eine schöne Altstadt und eine lange Brücke führt auf die gegenüberliegende Seite zur kleinen Stadt Ferragudo. Kleine Restaurants und Cafés laden zum Verweilen ein.

In und um Albufeira kann man schöne Bootstouren unternehmen, die Auswahl der Veranstalter ist riesig. Wir haben uns für eine zweieinhalbstündige Bootsfahrt zu den Höhlen und Grotten an der Küste und mit Delfinbeobachtung entschieden. Dass wir wirklich Delfine zu Gesicht bekommen, hätten wir vorher nie geglaubt. Versprechen können die Bootsanbieter schließlich viel.

Als wir aber umringt von mehreren Delfinen Foto um Foto schossen und die Delfine sich nicht durch unser kleines Boot gestört fühlten, konnten wir diesen besonderen Moment genießen. Wir hatten Glück, die besonderen Meeresbewohner zu sehen und können von diesen Momenten sicherlich noch lange zehren. Die Delfine schwammen noch einige Zeit neben unserem kleinen Boot her, ehe sie schließlich das Weite suchten.

Nun war es für uns an der Zeit, zu den Höhlen der Algarve zu fahren, die teilweise nur per Boot zu erreichen sind. Auch die Höhlen waren ein Besuch wert und das kleine Boot, mit dem wir unterwegs waren, fuhr in einige Höhlen herein, sodass wir die imposanten Löcher in den Felsen sehr nah sehen konnten. Einige Höhlen sind auch von der Landseite zu besichtigen. So unternahmen wir am Nachmittag eine kleine Wanderung entlang der Küste zu den vielen Felsformationen und konnten das große Loch an der Höhle "Benagil" von oben bestaunen. Auch der "Heart Rock" ist einen Besuch wert. Hier sehen die beiden Felsbögen gepaart mit einem bestimmten Aussichtspunkt aus wie ein Herz. Dieser Ausblick ist nur etwas für Romantiker.

Der angrenzende Strand "Praia Marinha" gehört zu den schönsten Stränden auf dieser Erde. Man kann zum "Heart Rock" schwimmen und durch die Felsbögen hindurchschwimmen. Oder man macht es sich am Strand gemütlich und genießt die atemberaubende Landschaft. Aber Vorsicht: Je nach Wasserstand kann einem der Weg zurück zur Treppe nach oben versperrt sein und man muss durch das Wasser waten. Am Abend unternahmen wir oft Spaziergänge durch die Altstadt Albufeiras. Hier kann man gemütlich bummeln gehen. Die vielen Restaurants lassen keine Wünsche offen.

Auf dem Weg zum Flughafen in Faro lohnt sich ein Besuch der Stadt. Wir fuhren mit einer Fähre zur unbewohnten Insel Ilha Deserta und genossen dort die letzten Stunden in Portugal bei einem Spaziergang auf dem Rundweg der Insel und am Strand. Wenn man seine Ruhe haben will, ist man hier auf jeden Fall richtig. Man sollte nur das Boot zurück nicht verpassen, ansonsten muss man auf der einsamen Insel übernachten. Also besser etwas eher am Abfahrtspunkt eintreffen, um das Boot zu erwischen. Die Fahrt durch den Naturpark zur Stadt Faro dauert nur etwa eine halbe Stunde. Während der Fahrt kann man diverse Vögel beobachten und sich den Wind um die Ohren wehen lassen. Freiheitsfeeling pur.

Die Altstadt in Faro besticht durch tolle Häuser und enge Gassen. Neben dem Hafen hat die Stadt eine Festung zu bieten. Auf dem Weg zum Flughafen kann man einen Zwischenstopp in Faro nur empfehlen. Diese Stadt direkt am Meer sollte nicht ausgelassen werden auf einem Algarve-Trip.

Abbildung 14 Der Blick auf die Ponta de Piedade gehört zu einem der schönsten an der Algarve

-

Ob London, Manchester oder Liverpool, der Fußball steht in England im Mittelpunkt. Aber in den Metropolen Englands steht auch Sightseeing an der Tagesordnung.

Einen regelmäßigen Wochenendtrip unternahm ich alle paar Jahre nach London, der Hauptstadt Englands. Man kann unmöglich an ein paar Tagen alles gesehen haben. Immer wieder entdecke ich neue Seiten Londons.

Neben den "Klassikern" Buckingham Palace, Tower Bridge und Big Ben, sollte man auch einmal auf dem "London Eye" gewesen sein. Von hier hat man eine tolle Aussicht auf die Stadt und erhält allerhand interessante Informationen. Etwas teurer ist das Riesenrad schon, aber es lohnt sich allemal. In der Tower Bridge kann man von oben durch Glasböden einen Blick auf die Straße werfen und erfährt viel über die Geschichte der Brücke, die sehr wichtig für die Stadt war und immer noch ist.

Westminster Abbey, Royal Albert Hall, Trafalgar Square, Piccadilly Circus und der Tower of London dürfen bei einer Tour durch London nicht fehlen. Zudem lohnt sich ein Spaziergang durch einen der vielen schönen Parks. Hier fühlt man sich nicht wie in einer Großstadt und kann im Grünen spazieren gehen. Am Camden Markt kann man in Ruhe den Tag ausklingen lassen und super Essen gehen. Hier gibt es einen Streetfoodmarkt, wo allerhand Leckereien angeboten werden. Das Wachsfigurenkabinett "Madame Tussauds" hat mich in London besonders beeindruckt und ist sehr empfehlenswert. Hier werden Wachsfiguren der berühmten Persönlichkeiten Englands und der ganzen Welt ausgestellt, die verblüffend echt aussehen.

Mein Mann Kai hat mich seit einiger Zeit mit seiner American Football Begeisterung angesteckt. Dies ging so weit, dass ich ihm zum Geburtstag 2017 Tickets für ein Football-Spiel in London schenkte. Einmal Football-Feeling pur mitten in London! Im Stadion Twickenham schauten wir uns das Spiel der Cleveland Browns gegen die Minnesota Vikings an. Seitdem hat auch mich die Football-Begeisterung vollends gepackt. Das Twickenham Stadion liegt etwa 15 Kilometer außerhalb Londons und ist die Heimat der englischen Rugbymannschaft. Ich schaue mir gerne auch außergewöhnliche Stadien an und so konnte ich zwei Fliegen mit einer Klappe schlagen. Die Stimmung der Footballfans war sehr ausgelassen und friedlich. Die unterschiedlichsten Fans fachsimpelten auf der Tribüne. Obwohl ich zu dem Zeitpunkt noch nicht alle Regeln genauestens verstand, hatte mich das Football-Fieber gepackt.

So war es verständlich, dass wir im folgenden Jahr wieder nach London reisten, dieses Mal zum Spiel der Seattle Seahawks gegen die (damals noch) Oakland Raiders. Mittlerweile sind die Raiders in Las Vegas beheimatet. 2018 sollte das Spiel im neuen Wembley-Stadion stattfinden, für mich ebenfalls eine Premiere in diesem Stadion. Mein Bruder und seine Freundin waren ebenfalls angereist und so konnten wir gemeinsam das Football-Feeling genießen. Dazu kam, dass Kai Fan der Oakland/Las Vegas Raiders ist und das Spiel daher wie gerufen kam. Das Stadion an sich ist schon imposant, aber mit über 90.000 Zuschauern, die jeden Touchdown lautstark feierten, war es die reinste Ekstase. Selbst wir, die öfter in Fußballstadien sind, waren schwer beeindruckt. Einzig das Ergebnis war für Kai niederschmetternd, schließlich verloren die Raiders haushoch gegen die Seahawks. Ein einzigartiges Erlebnis war es aber trotzdem. Wir verbanden den Ausflug nach London mit zwei weiteren Tagen Sightseeing.

Mit einer Reise nach Liverpool erfüllte ich mir im Oktober 2014 einen großen Traum und besuchte ein Spiel der „Reds“, des Liverpool FC. Zudem hatte ich das Glück, meinen Lieblingsspieler Steven Gerrard noch einmal live im Stadion zu sehen, ehe er kurze Zeit später seine Karriere beendete. Neben dem Fußballspiel, bei dessen Atmosphäre ich 90 Minuten Gänsehaut hatte, kann man auch außerhalb der „Anfield Road“ allerhand entdecken. Aber zumindest eine Stadiontour sollte auf der Liste der Sehenswürdigkeiten stehen, auch für Nicht-Fußballfans.

Hier wird man hinter die Kulissen der "Anfield Road" geführt und erhält wissenswerte Informationen im angrenzenden Museum. Die diversen Pokale und gewonnenen Trophäen sind hier ausgestellt. Nicht nur etwas für Fußballbegeisterte oder Liverpool-Fans. Zudem kann man in der Stadt gut shoppen gehen und mit der Fähre auf die andere Seite nach Birkenhead fahren.

In Manchester, etwa eine Stunde von Liverpool entfernt, gibt es neben den beiden Fußballstadien auch ein Fußballmuseum. Hier werden geschichtsträchtige Ereignisse nochmals aufgelebt und multimedial ergänzt. Im Oktober 2014 war der Eintritt kostenlos und bewahrte mich vor einem verregneten Tag in der Stadt. Ansonsten kann man das "Old-Trafford-Stadion" besuchen und auch dort an einer Stadionführung teilnehmen.

-

Ob die Liebeshauptstadt Paris oder wunderschöne Strände am Mittelmeer: Frankreich hat allerhand zu bieten!

Ein Wochenendtrip in die "Stadt der Liebe" ist für alle Paare natürlich das Highlight. Beim Sonnenaufgang am Eiffelturm heißt es früh aufstehen. Der Blick entschädigt dafür umso mehr. Wir konnten am frühen Morgen schöne Fotos am Eiffelturm schießen. Neben dem Louvre und dem Arc de Triomphe besuchten wir auch Montmartre und Sacre Coeur besuchen.

Von hier aus hat man einen tollen Blick auf die Stadt, samt Eiffelturm. Übrigens sind die Museen und einige Schauplätze, wie auch der Arc de Triomphe oder das Centre Pompidou für Europäer unter 26 Jahren kostenlos. Auch der Eintritt im Schloss Versailles frei. Hier lohnt sich ein Besuch der imposanten Gebäude und Parkanlagen. Man kann sich auf jeden Fall verlaufen, so weitläufig sind die Parks und Gebäude angelegt. In der nahen Stadt befindet sich eine kleine Markthalle, in der es viele französische Leckereien gibt. Sehr sehenswert und lecker.

-

In Barcelona findet man neben zahlreichen Kulturmöglichkeiten auch einen super Strand, der mit der U-Bahn zu erreichen ist. Für mich das erste Mal, dass ich mit der U-Bahn an den Strand gefahren bin. Bei einem Städtetrip nach Barcelona im Sommer sollte man seine Badesachen daher nicht vergessen. Einzigartig und dank der nahen Hochhäuser ein super Erlebnis mitten in der Stadt.

Eine Besichtigung der Sagrada Familia lohnt sich in Barcelona allemal. Die Tickets buchten wir bequem vor der Reise im Internet, damit wir lange Wartezeiten vermeiden konnten. Sowohl von innen als auch von außen ist die Sagrada Familie imposant und aufgrund ihrer farbenfrohen Fenster ergeben sich wunderschöne Farbspiele. Am nächsten Tag besuchten wir den Park Güell. Lange Stufen brachten uns auf den kleinen Berg, von wo aus man eine super Sicht auf den Park hat. 95% des Parkgeländes ist kostenlos, von daher lohnt sich der Eintritt zu den berühmten Stufen nicht wirklich.

Auf Montjuic, dem Hausberg Barcelonas mit dem alten Olympiagelände von 1992, steht eine Seilbahn zur Verfügung, die uns mit einer tollen Aussicht zum Hafen nach unten zum Strand brachte. Abends besuchten wir das kleine Künstlerviertel El Born, wo man wunderbar Essen gehen kann.

Eine Stadionführung im Camp Nou ist auch für Nicht-Fußballfans sehr spannend. Man gelangt hinter die Kulissen des Stadions und kann die Geschichte des Vereins im Vereinsmuseum noch einmal aufleben lassen. Sehr empfehlenswert und imposant. Dort, wo normalerweise über 99.000 Zuschauer ihre Mannschaft zum Sieg schreien, standen wir auf dem Rasen und stellten uns vor, welch ein unbeschreibliches Gefühl es für die Fußballer sein muss, hier zu spielen.

-

Rom, Pisa, Florenz: Kultur findet man in Italien wohin das Auge reicht. Die alten Römer wussten bereits die Vorzüge des "Stiefels" zu schätzen. Einen tollen Wochenendtrip kann man in der Hauptstadt Italiens verbringen. Neben dem Vatikan und dem Kolosseum kann man sich auch die imposante Rennbahn Circus Maximus anschauen.

Am Petersdom sollte man auf jeden Fall etwas Wartezeit mitbringen. Dennoch lohnt sich der Besuch meiner Meinung nach und die Aussicht von der Kuppel ist atemberaubend.

Eine Reise in die Toskana ist immer schön. Am besten nimmt man sich ein Auto oder Wohnmobil und ist ganz flexibel. Neben den "Klassikern" Florenz, Mailand, Siena und Pisa mit allerhand imposanten Bauwerken sollte ein Besuch der Cinque Terre definitiv auf dem Plan stehen. Hier kann man schöne Wanderungen zwischen den kleinen Städten unternehmen und sich anschließend im tiefblauen Meer abkühlen. Zudem sind die Häuser einzigartig in die Felsen gebaut und eine kleine Eisenbahn führt durch die Orte.

-

In Budapest bestimmt die Donau das Stadtbild. Neben Schifffahrten und zahlreichen imposanten Brücken, die man überqueren kann, sollte man auf jeden Fall das Parlament besichtigen. Ein toller Bau, der auch von Innen beeindruckt!

Vom Gellértberg hat man eine super Aussicht auf die Stadt. Es ist etwas mühsam auf den Berg zu gelangen, aber am Ende lohnt sich der Blick. Vor allem im Hochsommer hatten wir immer auch etwas zu trinken dabei.

Budapest hat viele Sehenswürdigkeiten zu bieten und eignet sich daher hervorragend als Wochenendtrip. Von der Fischerbastei im Stadtteil Buda in der Nähe der Budapester Burg hat man ebenfalls eine super Sicht auf die Donau und den gegenüberliegenden Stadtteil Pest. Der Name der Fischerbastei stammt von einer Fischergilde, für die das Monument mit seinen wunderschönen Türmen errichtet wurde. Die Türme, die ein meist genutztes Fotomotiv sind, sollen an die Zelte der früheren Einwohner erinnern. Neben der Fischerbastei befindet sich die neogotische

Matthiaskirche, die sowohl von außen als auch von innen sehr beeindruckend ist.

Am Plattensee gibt es zahlreiche kleine Orte, teils ruhig, teils für Partygäste (Siofok) zu entdecken. Für jeden ist etwas dabei. Auch hier lohnt sich eine Bootsfahrt, um den riesigen See vom Wasser aus zu erkunden. Vor allem für Kinder bietet sich der Balaton als Urlaubsort an, da der Einstieg ins Wasser sehr flach ist und auch so flach bleibt. Der Name „Plattensee“ ist eben Programm.

-

Griechische Inseln, darunter Kreta und Korfu, sind definitiv eine Reise wert. Sogar Wandern kann man auf den Inseln dank kleiner und größerer Berge.

Korfu ist nicht nur eine Insel, auf der man gut am Strand entspannen kann. Hier kann man super wandern gehen, und zwar beispielsweise auf den höchsten Berg der Insel, den "Pantokrator". Zwar führt auch eine Straße hier herauf, allerdings ist die Wanderroute deutlich schöner und man sieht viel mehr von der Insel. Mir wurde mit meinen dreizehn Jahren von meinen Eltern gesagt, dass man nur zu Fuß auf den Berg gelangt. Dementsprechend sauer war ich, als ich die vielen Autos sah, die gemütlich den Berg hinauffuhren. Aber auch das war schnell verziehen und so genossen wir einfach die Aussicht auf die wunderschöne Insel und das Meer.

Mit einem Boot kann man zur "Blauen Grotte" in Paleokastritsa fahren. Hier ist das Wasser überdurchschnittlich türkisblau und glasklar. Am Canal d'Amour, einer kleinen Bucht umringt von Sandsteinen im Süden der Insel, soll man der Sage nach durchschwimmen, um seine große Liebe zu finden. Habe ich natürlich gemacht, aber so viel

Aberglauben habe ich dann auch nicht. Obwohl ich mittlerweile, zwölf Jahre später, glücklich verheiratet bin.

-

Meine erste Pauschalreise seit über 19 Jahren sollte aufgrund der Corona-Pandemie und den anhaltenden unwägbaren Umständen nach Griechenland führen. Im Oktober 2020 entschieden wir uns für einen pauschal gebuchten All-inklusive-Urlaub (ebenfalls erst mein zweiter überhaupt) auf das griechische Festland, genauer gesagt nach Leptokaria in der Region Pieria in der Nähe von Thessaloniki.

Da ich am Tag vor dem Abflug erst noch an einem 55 Kilometer Wanderevent teilgenommen hatte, waren die ersten Tage des Urlaubs erst einmal nur Entspannung angesagt. Dank noch warmen Meeres, Pool und Sonnenschein fiel das entsprechend leicht und meine Füße und offenen Blasen konnten sich etwas erholen.

Nach zwei, drei Tagen wurde das aber auch etwas langweilig und wir planten die ersten Aktivitäten neben den kleinen Spaziergängen in die Stadt und am Strand entlang. So buchten wir eine Canyoning-Tour am Fuße des Olymps, der hier unweit vom Meer in die Höhe ragt. Mit 2.918 Metern ist der Olymp nicht nur ein echtes Wahrzeichen der Region, sondern auch der höchste Punkt Griechenlands. Die Canyoning-Tour sollte an einem der unteren Canyons des Bergmassivs stattfinden. Wir fuhren mit einem Kleinbus dorthin und bekamen unsere Ausrüstung, bestehend aus Neoprenanzug, Helm und Klettergurt. Unsere Wanderschuhe hatten wir ohnehin vorsorglich mit in den Koffer gepackt, sodass wir diese für das Canyoning anzogen.

Da wir bereits im Sommer in Kroatien ein Canyoning-Abenteuer erlebt hatten, waren wir gespannt, ob das griechische Canyoning mithalten kann oder gar noch besser oder anders sein wird. Auf jeden Fall war uns das Abseilen von den Klippen noch nicht bekannt. Es ging los und die kleine Gruppe bestehend aus mir, meinem Mann und zwei weiteren Urlaubern aus unserem Hotel wanderten mit dem Guide in etwa 15 Minuten zum Anfangspunkt der eigentlichen Tour. Über einen kleinen Weg durch dichtes Gebüsch kamen wir schließlich am eiskalten Wasser an (8 Grad!). Der Neoprenanzug war hier definitiv Gold wert.

Nach einer kurzen Eingewöhnung an das kalte, aber glasklare Wasser, wateten wir los und kamen nach wenigen Metern bereits an der ersten „Übungsstelle“ an, wo wir das Rutschen und Abseilen üben konnten. Das Rutschen über die Felsenrutsche machte sehr viel Spaß. Man musste nur aufpassen, dass man die Ellbogen nicht außerhalb des Körpers hielt, um Verletzungen zu vermeiden. Im späteren Verlauf sollten wir feststellen, dass diese Rutsche zu einer der kleineren auf der Tour gehörte.

Nun folgte das Abseilen an der relativ einfachen Stelle. Mit Seil und Klettergurt gerüstet übte jeder das Abseilen. Nach anfänglichen Problemen liefen die Übungsversuche immer besser, sodass wir schnell weiterkonnten. Es sollten noch weitere Herausforderungen auf uns warten!

Nach kurzer Zeit kamen wir an einen 7,5 Meter hohen Wasserfall, an dem wir uns abseilen sollten. Das war schon definitiv eine Hausnummer mehr und wir bekamen Respekt bei der Höhe. Einer nach dem anderen seilte sich ab und wir mussten aufpassen, dass man nicht versehentlich auf den glatten Felsen wegrutsche. Alle kamen sicher unten an und das letzte Stück konnte man sich einfach ins Wasser fallen lassen. Von unten sah der Wasserfall gar nicht mehr so hoch aus.

Nun folgten einige Sprünge aus drei bis vier Metern in das eiskalte Wasser. Nach weiteren Passagen mit Abseilen, Rutschen und Wandern kamen wir am Ende der Tour an einer kleinen Lagune an, die wir allerdings aus einer Höhe von 7,5 Metern sahen. Hier sollten wir herunterspringen. Für mich jedoch definitiv zu hoch, sodass ich lieber das Abseilen bevorzugte. Die anderen sprangen aber und alle kamen voller Adrenalin und gut gelaunt unten an. Eine super Tour, die das Canyoning in Kroatien nochmal getoppt hat. Das Abseilen und Rutschen hat mir dabei am besten gefallen und es wird sicherlich nicht das letzte Mal Canyoning gewesen sein.

Nach einem entspannten Nachmittag planten wir die weiteren Tage des Urlaubs und wollten uns in den nächsten drei Tagen ein Auto mieten. Am folgenden Tag fuhren wir zu den Meteora-Klöstern, etwa 160 Kilometer entfernt von unserem Hotel. Anfangs waren wir skeptisch, ob sich die lange Fahrt lohnen würde, aber die Sorge war definitiv unbegründet.

Schon von Weitem sahen wir die imposanten Felsen am Horizont. Hier sind wir richtig! Am Fuße der Felsen liegt die Stadt Kalambaka. Wir fuhren durch die Stadt und gelangten schließlich in eine unwirklich erscheinende Landschaft. Die Straße schlängelt sich durch die Felsenlandschaft. Man kann die unterschiedlichen Klöster, die auf den Felsen gebaut sind, jeweils besuchen. Wir besuchten zunächst das Frauenkloster Rousánou, welches noch bewohnt wird. Die Fresken aus dem 16. Jahrhundert im Inneren des Klosters sind sehr sehenswert und imposant.

Von hier aus hat man eine super Sicht auf die Landschaft und die übrigen Klöster. Weiter ging es mit dem Auto zum nächsten Kloster Varlaám, welches allerdings an dem Tag geschlossen hatte. Dennoch kann man auch hier die Aussicht genießen und wundervolle Fotos schießen. Das Kloster Metamórphosis, auch bekannt als Megálo Metéoro, war unser nächster Stopp. Dieses Kloster ist das größte aller Meteora-Klöster und liegt 613 Meter hoch. Bis 1923 war das Kloster nicht wie heute bequem per Treppe zu erreichen, sondern nur über Seilwinden und Strickleitern. Gut zu Fuß sollte man heutzutage trotzdem sein, um die zahlreichen Treppen zu überwinden. Zudem sollten Frauen in den Klöstern ein langes Kleid tragen, selbst Hosen sind nicht erlaubt und müssen mit einem Rock, den man sich vor Ort leihen kann, bedeckt werden. Ich war zum Glück vorbereitet und hatte mir ein langes Kleid angezogen und eine Strickjacke eingepackt. Da ich sonst sehr selten Kleider tragen oder eher der Jeans-T-Shirt-Typ bin, war es schon etwas ungewohnt. Aber wir wollten schließlich auch etwas Kultur erleben und daher wissen wir die Traditionen natürlich wertzuschätzen.

Auf dem Weg zum letzten Kloster für diesen Tag, dem Agía Triáda, kamen wir immer wieder an kleinen Parkplätzen vorbei, von denen man einen super Blick auf die Klöster und die gesamte Landschaft hat. Normalerweise ist hier immer die Hölle los und Busse reihen sich aneinander. Dank der Corona-Pandemie hatten wir fast das gesamte Gebiet für uns. Die Krise hatte eben auch ihre Vorteile. Das Kloster Agía Triáda ist bekannt, da hier ein Teil des

James Bond Filmes „In tödlicher Mission“ gedreht wurde. Auch hier gibt es im Kloster sehenswerte Fresken und einen großartigen Außenbereich. Klar, dass wir uns den Film nach unserem Urlaub nochmal anschauten und die Schauplätze genau wiedererkannten.

Die Fresken, Gemälde und Klöster haben uns sehr gut gefallen. Dazu kommen die wunderschöne Landschaft und die einzigartige Formation der Klöster auf den herausragenden Felsen. Die Meteora-Klöster sind auf jeden Fall sehr zu empfehlen, wer einmal in der Umgebung Urlaub macht. Dafür lohnt sich auch eine etwas längere Fahrt.

Abbildung 15 Die Meteora-Klöster nahe der griechischen Stadt Kalambaka gehören zum UNESCO-Weltkulturerbe

In den nächsten beiden Tagen standen Wanderungen auf dem Plan. Das Bergmassiv des Olymps ist perfekt geeignet für Wanderungen jeglicher Art. Am ersten Tag wanderten wir in der Enipeas-Schlucht. Die Wanderung startet in Prionia auf 1.100 Meter. Das ist der höchste Punkt, den man mit dem Auto erreichen kann.

Dort gibt es auch einen Parkplatz für Wanderer. Von hier aus ging es dem gut gekennzeichneten Fernwanderweg E4 entlang, zunächst immer in der Nähe des Wassers, später etwas oberhalb der Schlucht. Die Holzbrücken über den Fluss sind sehr schön angelegt und bieten mit dem glasklaren Wasser und den riesigen Felsen tolle Fotomotive.

Die gesamte Wanderung ist zwölf Kilometer lang und dauert mit einigen Stopps etwa vier bis fünf Stunden. Es geht oft bergauf und bergab. Nach etwa der Hälfte der Wanderung gelangt man zur „Holy cave“, einem kleinen Kloster inmitten einer Höhle. Sehr sehenswert und ein kleines Highlight der Tour. Endpunkt der Wanderung ist die Stadt Litochoro, die direkt am Fuß des Olymps liegt. Hier befindet sich ein informatives Zentrum zum Bergmassiv, welches sehr modern eingerichtet wurde.

Am nächsten Tag wanderten wir direkt am Olymp-Bergmassiv. Wir starteten am Wanderparkplatz Gortsia. Das Ziel war die Berghütte Petrostrouga, etwa drei Stunden Aufstieg und 800 Höhenmeter entfernt. Die Wanderung führt durch einen dichten Wald, immer stetig bergauf. Mit großartigen Aussichtspunkten am Wegesrand fällt der Aufstieg jedoch nicht zu schwer. Schließlich gelangt man nach etwa drei Stunden auf einen flacheren Weg, um schließlich an der Berghütte Petrostrouga anzukommen. Hier kann man eine größere Pause einlegen oder einfach nur das Panorama und die Aussicht auf das Meer und die Berge genießen.

Hinunter ging es schließlich auf dem gleichen Weg. Nach etwa zwei weiteren Stunden Abstieg waren wir schließlich wieder am Wanderparkplatz angekommen. Eine schöne Tour mit einigen wunderschönen Landschaftspanoramas und einem Ziel zur Einkehr an der Hütte Petrostrouga.

Die „aktiven" Tage mit Canyoning, Klosterbesichtigungen und Wanderungen waren sehr ereignisreich und hatten einige Highlights zu bieten. Zum Ende des Urlaubs gingen wir nochmals in die Stadt von Leptokaria, die jedoch aufgrund der Nebensaison sehr leer war und nur einen kleinen wöchentlichen Markt zu bieten hatte. Die Burg Platamonas liegt nur etwa fünf Kilometer von Leptokaria entfernt und bietet einen tollen Ausblick auf das Meer.

Die Stadt „Old Platamonas" ist ebenfalls einen Abstecher wert. Die Stadt war vor einigen Jahren komplett abgebrannt und wurde in den letzten Jahren von der Bevölkerung wiederaufgebaut. In der Stadt sind keine Autos erlaubt. Durch die kleinen Gassen kann man daher perfekt zu Fuß spazieren. Kleine Läden und freundliche Einwohner machen das besondere Flair der Stadt aus.

Der archäologische Park in Dion ist auch einen Besuch wert. Hier können archäologische Stätten besichtigt werden. Das Highlight sind das Amphitheater, welches immer noch für Veranstaltungen, wie Schulabschlussfeiern oder Feste genutzt wird.

Die letzten Tage des Urlaubs entspannten wir noch etwas in der griechischen Sonne, bevor es wieder zurück in das herbstliche Deutschland ging.

Tansania

Einmal zum Kilimanjaro, der Traum ging mit meinen zarten 23 Jahren tatsächlich in Erfüllung! Nachdem ich bereits ein Jahr zuvor zum Mount Everest Basislager gewandert bin und dort den Kala Patthar mit 5.644 Metern bestiegen hatte, wartete nun im November 2018 eine neue Herausforderung auf mich.

5.895 Meter – der höchste Gipfel Afrikas! Der Kilimanjaro wird als der höchste freistehende Berg der Welt bezeichnet.

Die große Reise ging los. Vom Flughafen in Amsterdam ging es per Direktflug zum Kilimanjaro Airport, knappe neun Stunden entspannter Flug. Da plötzlich am Flughafen die Speicherkarte meines Handys defekt ging, dachte ich mir: Es kann eigentlich nur besser werden. Aber was sind die Weite Afrikas schon gegen ein bisschen Technik?!

Vom Kilimanjaro Airport wurde ich zum Hotel in Moshi gebracht und war am späten Abend tatsächlich in Tansania angekommen. Zum ersten Mal auf afrikanischem Boden. Ich wurde herzlich begrüßt und fühlte mich dank der freundlichen Afrikaner direkt sehr wohl. Nach einer kleinen Mahlzeit und kurzem Checken der Handy-Nachrichten fiel ich dann auch ins Bett und vergaß fast, das nahezu überlebenswichtige Moskitonetz zuzuziehen.

Davor hatte ich vor der Reise am meisten Respekt: Malaria. Ich besorgte mir im Voraus Malaria-Tabletten, die ich täglich einnahm und fuhr schlussendlich zwar mit einigen Mückenstichen heim, jedoch habe ich nach der Reise keine Krankheitsgefühle gespürt, sodass ich vermutlich einfach

Glück gehabt habe und mich keine der heimtückischen Mücken erwischt hat.

Am nächsten Morgen wachte ich bei strahlendem Sonnenschein auf und spürte bereits die Wärme in mein Hotelzimmer kriechen. 25 Grad warteten bereits am Morgen auf mich und ich dachte an den letzten Morgen im kalten Deutschland zurück. Kurze Hose und Top waren schnell angezogen und mit einem großen Frühstücksbuffet mit frischen Früchten und extra zubereiteten Omelette konnte der Tag starten.

An diesem ersten Tag in Afrika stand erst einmal Erkundung auf dem Plan. Mit dem ortskundigen Guide Emmanuel fuhr ich die drei Kilometer vom Hotel in die Innenstadt von Moshi und konnte auf den vielen unübersichtlichen Märkten allerhand Früchte, Gewürze und Getreide bestaunen. Selbstverständlich alles super frisch. Auf den Straßen sprachen mich viele Menschen an und ich kam mir unter den ganzen Dunkelhäutigen vor wie eine Außerirdische.

Die ersten Brocken Swahili waren dank Guide Emmanuel schnell gelernt und schon bald konnte ich den Einheimischen mit „Jambo" (zu Deutsch „Hallo") antworten. Ein Lächeln und schon waren alle Sprachbarrieren überwunden. Ich fühlte mich unter all den Einheimischen irgendwie total wohl. Trotzdem war ich froh, dass ich mit einem englischsprachigen Guide unterwegs war, da tausende Leute auf den Straßen plötzlich meine Freunde sein wollten und den „reichen Weißen" ein paar Geldscheine entlocken wollten.

Apropos Geld: Die heimische Währung sind Tansania Schilling, die man bequem am Bankautomaten abholen kann. Leider ist die Währung sehr instabil und im Vergleich zum Euro oder Dollar sehr wenig wert, sodass ich mich beim Bankautomat mit den frisch abgeholten Schillingen wie ein Millionär fühlte. Mit vollem Portemonnaie und einem etwas unwohlen Gefühl gingen wir weiter zum alten Bahnhof von Moshi, wo früher Eisenbahnen für die Kaffeefabriken fuhren. Mittlerweile ist die Bahnstrecke stillgelegt und dient den Kindern dort als Spielplatz.

Abbildung 16 Gewöhnungsbedürftiges Essen bei Einheimischen in Moshi

In einem Hinterhof aßen wir dann mit einer bekannten Familie von Emmanuel gebratene Bananen und Fisch, ungewöhnlich und ekelig, aber es schmeckte nach anfänglicher Skepsis dann doch. Nach der Stärkung und einem kurzen Austausch mit den Einheimischen gingen wir weiter in Richtung Reisfelder, die entlang der Hauptstraße liegen. Ja, hier wird tatsächlich Reis angebaut und mühselig mit der

Hand geerntet. Spannend zu beobachten und eine wirklich harte Arbeit, bei der die ganze Großfamilie mit anpacken muss. Andere Länder, andere Sitten eben und so weit entfernt von der europäischen Welt.

Wir gingen durch ein kurzes Stück Regenwald zum Hotel zurück und konnten hier einige Affen beobachten, die in den hohen Baumwipfeln herumtobten. Wir kletterten auf einen Riesenbaum, der schon einige Tausend Jahre alt zu sein schien und genossen die Natur.

Am Nachmittag erfolgte dann noch eine kurze Besprechung mit den Guides der Kilimanjaro-Tour und das Equipment wurde kurz gecheckt. Ich war jedoch auch aufgrund der Erfahrungen in Nepal ein Jahr zuvor gut ausgerüstet und musste keine Dinge vom Hotel ausleihen oder mieten. Die Möglichkeit finde ich jedoch grundsätzlich super, da man die benötigten Schlafsäcke bis -25 Grad selten braucht und manchmal auch nicht unbedingt Trekkingstöcke in den Koffer oder die Reisetasche bekommt. Insbesondere für Gelegenheits-Extremurlauber eine gute Möglichkeit, um auf teure Anschaffungen zu verzichten und trotzdem gut ausgerüstet zu sein.

Außerdem gab es in dem Hotel einen Raum, indem man sein überflüssiges Gepäck für eine eventuell anschließende Safari lagern konnte. So musste man dieses nicht unnötig mitschleppen und im Hotel war es sicher aufbewahrt.

Neben mir nahmen noch zwei Däninnen und ein Amerikaner an der Tour auf der Machame-Route zum Kilimanjaro teil, eine bunt gemischte Gruppe von jungen Abenteuerlustigen, die sich gut verstand.

Nach der Besprechung entspannte ich noch etwas am hoteleigenen Pool und dachte an die kommenden Tage ohne fließendes Wasser. Den Luxus musste ich noch genießen.

Am frühen nächsten Morgen ging es dann mit einem gestärkten Magen und allerhand Gepäck in einem Geländewagen in Richtung Machame-Gate. Nach einer Stunde kamen wir dort an und es gab zunächst einmal ein Lunch-Paket, welches so vielfältig war, dass ich vermutlich die nächsten vier Tage damit ausgekommen wäre. Etwa eine weitere Stunde später durften wir uns endlich in das Parkbuch eintragen. Ein Prozedere, welches auch in jedem weiteren Camp auf uns zukam. Ich war offiziell im Kilimanjaro Nationalpark eingetragen!

Endlich ging es los und wir verabschiedeten unseren Fahrer. Von nun an ging es zu Fuß weiter. Überall sprangen Affen umher, die den immer schmaler werdenden Weg durch den Regenwald noch ursprünglicher und spannender machten. Nach einigen kurzen Trinkpausen und den eindringlichen Worten der Guides, möglichst viel zu trinken und zu essen, ging es immer steiler durch die Wälder Tansanias.

Der Regenwald machte bald seinem Namen auch alle Ehre und es fing erst leicht, dann immer stärker an zu tröpfeln. Aber das ist Schicksal, wenn man am Anfang der (kleinen) Regenzeit seinen Urlaub bucht. Zum Glück war ich gut ausgerüstet und mein Regenponcho hielt dem Regen stand. Nach sechs Stunden und knapp elf Kilometern Wanderns waren wir am Camp angekommen und trugen uns zunächst ins Parkbuch ein. Die offizielle Bestätigung, dass wir auch wirklich angekommen waren. Anschließend bezogen wir unsere Zelte: Unser neues Zuhause für die nächsten sechs Tage. Das Popcorn rochen wir schon in unseren Zelten und zog uns direkt zum Essenszelt, in dem alle vier Teilnehmer Platz hatten. Frisches Popcorn auf fast 3.000 Meter, auch nicht schlecht. Die Guides lasen uns jeden Wunsch von den Augen ab und leisten unglaublich viel auf der gemeinsamen Reise mit den Touristen.

Nach dem Snack und einer kurzen Einweisung durch den Guide machten wir uns frisch und suchten die „Toiletten" auf. Dass man keinen Luxus erwarten kann, war mir bereits vor der Reise klar. An die Plumpsklos war ich dank Nepal auch bereits gewöhnt und so fand ich es im Gegensatz zu meinen Mitstreiterinnen nicht schlimm, dass die hygienischen Umstände nicht den europäischen Standards entsprachen. Was soll man im Camp mitten im Nichts auch erwarten? Ich jedenfalls hatte genügend Toilettenpapier von zuhause mitgenommen. Da ich sogar zu viel für mich alleine dabeihatte, konnte ich das Toilettenpapier an die Däninnen verteilen. Eine echte kleine Gemeinschaft eben, wo jeder jedem hilft.

Nach einem schönen Sonnenuntergang mit Blick auf den nahen Mount Meru und zahlreichen Schnappschüssen wurde es dann schlagartig kälter. Das Essen war bereits zubereitet worden und nach einem Drei-Gänge-Menü, welches ich so nicht erwartet hätte, gingen wir schnell in unsere Zelte und schliefen nach einem langen Tag ziemlich schnell ein. Obwohl die Nacht mit fünf Grad bereits sehr kalt war, schlief ich wie ein Stein und musste aufgrund des vielen Trinkens nur ein paar Male die Toilette aufsuchen. Es war immer wieder eine Überwindung sich aus dem warmen Schlafsack mit einer Taschenlampe aufzumachen und in der tiefen Nacht auf das Plumpsklo zu gehen. Aber was sein muss, das muss eben sein.

An nächsten Morgen wurde ich mit einem „Karibu“ (auf Deutsch: Willkommen) bereits gegen 6 Uhr geweckt und mit einer heißen Tasse Kilimanjaro Tee begrüßt. Die Kälte, die in mein Zelt eindrang, war sofort spürbar und ich genoss den Tee in meinem kuscheligen Schlafsack. Anschließend wusch ich mich kurz mit etwas eiskaltem Wasser. Irgendwann musste ich mich aber doch umziehen und das Frühstück wartete ohnehin bereits auf mich. Sobald die Sonne aufging, wurde es auch schlagartig wärmer und meine Daunenjacke wanderte schnell in meinen Tagesrucksack. Frische Spiegeleier, Toasts und Porridge, der eigene Koch gab sich sehr viel Mühe, sodass wir gut gestärkt die zweite Etappe starten konnten.

Es ging steiler als noch am Tag zuvor aufwärts und die zahlreichen Träger überholten uns zunehmend in einem ungeheuren Tempo. Für uns jedoch stand die Devise: „Pole, pole“, also langsam, langsam, auf dem Plan. Man sollte möglichst langsam aufsteigen, um sich gut zu akklimatisieren und an den geringeren Sauerstoffgehalt zu gewöhnen. Auch das war ich aus Nepal schon gewöhnt.

Insgesamt fünf Stunden und fünf Kilometer waren an diesem Tag zu bewältigen. Klingt machbar. Auf dem Weg Richtung Shira Plateau und Shira Camp konnten wir in der strahlenden und warmen Sonne den unbeschreiblichen Blick auf den Mount Meru genießen. Über den Wolken Tansanias sah alles plötzlich so weit weg aus. Die Natur konnte man hier richtig genießen, auch ohne Komfort und Luxus, den man sonst von zuhause gewohnt ist.

Nach einigen Stunden Wanderung überquerten wir schließlich einen Fluss und mussten über einige Steinbrocken klettern. Genau das liebe ich an den Bergen: Herausforderungen, Abenteuer und Grenzen überwinden!

Auch diese Hindernisse ließen wir schnell hinter uns und es ging leicht bergab zum nächsten Camp, dem Shira Camp, gelegen auf einem wunderschönen Plateau. Nach dem gleichen Ablauf wie am Vortag trugen wir uns ins Parkbuch ein und ruhten uns ein paar Momente aus. Aufgrund der frühen Ankunftszeit unternahmen wir am Nachmittag noch eine kleine Wanderung zur Shira Cave, eine Höhle, in der bis vor einigen Jahren noch die Träger nächtigten. Mittlerweile ist die Steinschlag- und Einsturzgefahr zu groß, sodass dies nun verboten ist. Sowieso menschenunwürdig, dass hier einmal die Träger die Nächte verbracht haben.

Einen guten Ausblick auf das Camp hat man hier jedoch auch und der kleine Ausflug ist insbesondere für die Akklimatisierung gut. Nachdem wir nach ungefähr einer Stunde wieder im Camp angekommen waren, war das Essen bereits fast fertig und wir genossen zunächst eine warme Suppe.

Als ein Guide jedoch nochmals ins Zelt kam und uns bat, doch einmal kurz herauszukommen, wussten wir zunächst nicht, was uns dort erwartet. Als wir jedoch erst einmal vor dem Essenszelt standen, sahen wir einen Sonnenuntergang, der wohl noch lange in meinem Gedächtnis bleiben wird. Die Wolken lagen im Tal, vor uns der Mount Meru, hinter dem die Sonne langsam verschwand. Es war ein ganz spezielles Licht und der Auslöser meiner Kamera wurde schon langsam heiß vor lauter Fotos, die ich schoss. Nach dem

Sonnenuntergang schmeckte das Essen noch besser und wir fielen anschließend müde und satt auf die Isomatte. Zugegeben war diese nicht sehr bequem, aber wenn man so müde ist, schläft man auch hier sehr schnell ein.

Abends staunte ich nicht schlecht, als ich nach dem Toilettengang in den Himmel über mir blickte und einen Sternenhimmel sah, den ich wohl niemals vergessen werde: Sterne, soweit das Auge reicht, dazu tolle Sternschnuppen und Sternenbilder, die auch ich als Laie erkannte. Atemberaubend schön und ein wunderschönes Naturspektakel mitten in der Wildnis Afrikas.

Bei einigen Wanderern der anderen Trekkinggruppen waren bereits die ersten Anzeichen der Höhenkrankheit aufgetreten, Schwindelgefühle, Kopfschmerzen, Übelkeit. Auf 3.850 Metern auch kein Wunder, vor allem, wenn man solche Höhen nicht gewöhnt ist.

Aufgrund der Jahreszeit waren nicht viele Gruppen auf der Machame-Route unterwegs, sodass die Camps viel zu groß für die wenigen Gruppen waren. Mir hat die Einsamkeit sehr gefallen und mit den wenigen Gleichgesinnten kam man leicht ins Gespräch, obwohl ich bei Fremden anfangs eigentlich etwas Hemmungen habe und englische Gespräche ungern führe. Aber dadurch, dass die potenziellen Bergbesteiger überall aus der Welt kamen und die gleichen Probleme und ähnliche Erfahrungen hatten, fand man leicht zueinander und ins Gespräch.

Am nächsten Morgen wachte ich bereits sehr früh auf und entschied mich spontan dafür, den Sonnenaufgang zu beobachten. Also ging ich mit Jogginghose, dicker Winterjacke, Mütze und Handschuhen hinaus in die dunkle Nacht und setzte mich auf einen Stein. Dort genoss ich, wie die

Sonne langsam aufging und sich über den Gipfel des Kilimanjaro hob. Ein toller Anblick und dadurch, dass um 6 Uhr noch kein anderer Wanderer aufgestanden war, konnte ich diesen Moment ganz für mich allein genießen. Nach dem Spektakel und einer Tasse heißem Tee gab es auch schon wieder Frühstück und der Tagesablauf wurde besprochen.

Heute war Akklimatisation angesagt: Es ging zunächst über einen steinigen Weg durch eine Lavalandschaft auf 4.630 Meter zum Lava Tower, wo eine kleine Pause und ein Mittagessen eingelegt wurden. Von dort aus wanderten wir, ganz nach dem Motto „Hoch gehen, tief schlafen" wieder hinunter ins Barranco Camp auf 3.950 Meter. Eigentlich easy, wenn es nach der Mittagspause nicht plötzlich unaufhörlich zu regnen beginnen würde. Also stiegen und rutschten wir den steinigen Weg bergab und mussten dutzende reißende Wasserfälle durchqueren. Meine Wanderschuhe hielten zum Glück stand und so kam ich trotz der Wassermassen zumindest trockenen Fußes am Camp an. Auf dem Weg drückte die Blase aufgrund der ungewohnt hohen Wasserzufuhr, sodass zahlreiche Pausen eingeplant wurden. Direkt neben einem tosenden Wasserfall sein Geschäft zu machen hat auch etwas, auch wenn mir bewusst war, dass nur ein falscher Schritt mein letzter sein könnte. Einige Male rutschte ich auf dem matschigen und felsigen Weg aus, kam aber mit ein paar Schrammen an den Schienbeinen davon.

Letztendlich ging alles gut und im Camp wurde das Wetter langsam besser, sodass ich das riesige Camp erkunden konnte. Ich traf auf einige andere Bergsteiger, die ihre nasse Kleidung zu trocknen versuchten. Bei mir waren zum

Glück nur meine leichte Wanderhose und natürlich der Regenponcho feucht geworden, sodass ich meine Sachen im Zelt zum Trocknen hing. Am nächsten Tag musste ich ohnehin eine wärmere Wanderhose anziehen, da die Temperaturen merklich sanken und wir auf den ersten Schnee trafen.

Mit einem Blick in Richtung Gipfel sah ich plötzlich einen wunderschönen Regenbogen, der sich vor den Bergen aufbaute. Wow! Das Camp lag im Vordergrund, dahinter türmte sich der Kilimanjaro auf. Der Regenbogen baute sich etwas oberhalb des Camps auf. Ich musste sogleich meine Kamera, die ich für den nächsten Tag schon verstaut hatte, aus meinem Zelt holen und dieses Naturphänomen fotografieren.

Nach dem Abendessen und kurzer Einweisung der Guides zum morgigen Tag gingen wir zeitig ins Zelt und schnell wurden die Lichter der Taschenlampen in den Zelten immer weniger. Am Abend checkte ein Guide immer unsere Puls- und Sauerstoffwerte und befragte uns nach dem Befinden. Trotz leichten Kopfschmerzen bei einer der Däninnen waren wir aber alle noch topfit und gespannt auf den nächsten Tag.

Hier sollte es nämlich auf die „Breakfast Wall“ gehen, eine 300 Meter hohe Wand, die furchtsam aussah und vor der ich voller Respekt am frühen Morgen stand. Dort sollte ich hinaufklettern? Ohne Kletterschein und mit nur etwas Bergerfahrung in Europa? Für mich auf den ersten Blick unvorstellbar, aber die Guides nahmen uns bereits unsere Trekkingstöcke ab, da diese nur stören würden. Die Hände werden dringend benötigt, um hinaufzuklettern. Schon ging es los.

Da wir sehr früh morgens gestartet waren, konnte ich nur einige wenige Bergsteigergruppen vor uns entdecken, die in der Wand aussahen wir kleine Legomenschen, die jemand in die Wand gesteckt hatte. Die Breakfast Wall heißt so, da sie die meisten Bergsteiger am frühen Morgen angehen, quasi zum Frühstück.

Es ging los und die Wand, an der ich mich festhielt, war aufgrund des gestrigen Regens noch sehr feucht. Auf einen richtigen Halt konnte ich mich also auch nicht verlassen, na super…

Die Guides halfen uns, wo es nur ging und sagten uns genau, auf welche Steine wir treten oder wo wir uns festhalten sollten, sodass wir immer weiter aufstiegen und gar nicht merkten, wie hoch wir bereits gekommen waren. Bei einer kurzen Pause auf einem Plateau, zwei Drittel waren dort bereits geschafft, beobachtete ich die Träger, die mit großem Gepäck und meist nur mit Turnschuhen bekleidet die Wand hinaufkletterten, fast schon sprangen. Die Träger waren ohnehin die Helden der Tour. Ohne Klagen und mit einem ungeheuren Tempo flogen sie über die Bergrücken, als wäre es nichts und hatten dabei immer ein Lächeln, ein freundliches „Jambo“ oder ein gutgelauntes Lied auf Swahili für die Touristen übrig. Zudem bauten sie extra für uns mittags ein Zelt auf, damit wir nicht im Freien essen mussten. Ein echter Service und mir fast schon peinlich.

Nach der kurzen Pause ging es weiter und die Hindernisse wurden immer anspruchsvoller. Einige Felsformationen musste ich mithilfe des gesamten Körpers überwinden und es verlangte mir einiges an Kraft ab, die „Breakfast Wall“ zu überwinden. Nach etwa eineinhalb Stunden war es endlich geschafft und ich konnte einen fantastischen Blick auf den Mount Meru und das Barranco Camp genießen. Breakfast Wall: Check!

Nun ging es etwas flacher in Richtung Barafu Hut und die Trekkingstöcke fanden wieder ihre Berechtigung. Insbesondere bergab hatte man mehr Halt und konnte üble Stürze, wie bei einigen anderen Bergsteigern zu beobachten waren, vermeiden.

Es ging stetig abwärts, bis wir an einer Senke ankamen und wieder eine große Wand vor uns hatten. „Breakfast Wall 2"? ging es mir durch den Kopf? Nicht schon wieder!

Zum Glück war der Anstieg nicht so kraftraubend wie die Breakfast Wall und der Weg deutlich angenehmer, sodass man nicht nur klettern musste, sondern relativ entspannt oben ankam. Dort gab es eine kurze Pause und ein Mittagessen, ehe es aufgrund der Wetterlage schnell weiterging. Wir sollten laut Guide hoffen, dass wir trocken am Barafu Camp und somit am Basislager für die Kilimanjaro-Besteigung ankommen.

Wir hatten Glück und die Wetterlage besserte sich etwas, sodass der steinige Weg relativ angenehm zu begehen war. Nach insgesamt acht Kilometern und sieben Stunden waren wir schließlich am Barafu Camp angelangt und die Strapazen des Tages waren allen vorübergehenden Camp-Bewohnern anzusehen.

Nach einem raschen Abendessen und einigen Informationen über die nächtliche Gipfeltour, gingen wir in unsere Zelte und bereiteten schon einmal alles für die anstehende Etappe vor. Alle erdenklichen Kleidungsstücke wurden übereinander gezogen, da die Nächte hier oben bei -15 Grad sehr kalt werden. Die Getränkeflaschen wickelte ich daher in meinem Schlafsack ein, sodass diese nicht gefrieren. Ebenfalls ein Trick von der Everest-Tour in Nepal ein Jahr zuvor.

Gegen 19 Uhr verschwand ich im Zelt und musste bereits um 23 Uhr startklar für den Gipfel sein. Schlafen konnte ich natürlich nicht. Nach einer kleinen Stärkung mit Tee und tiefgefrorenen Keksen ging es dick eingepackt und mit einer Stirnlampe auf dem Kopf auf den steinigen Weg gen Gipfel. Hier merkte ich jeden Schritt, da der Sauerstoff auf dieser Höhe immer geringer wird und das Atmen merklich schwerer fällt.

Nach den anfänglichen leichten Kopfschmerzen in den letzten Stunden wurde mir zunehmend schlechter und ich konnte die gerade noch vertilgten Schokokekse nicht mehr in mir behalten. Jeder Schritt war die reinste Qual. Was passiert mit meinem Körper plötzlich? Eben war alles noch gut und knapp 400 Höhenmeter weiter fühle ich mich wie vom Laster überfahren?

Nach einer kurzen Pause und ersten sorgenvollen Blicken der Guides ging es schließlich weiter. Die Nacht wurde immer ungemütlicher, da der Kältetiefpunkt zwischen 2 und 3 Uhr erreicht wird. Trotz drei Paar Socken und Wärmezusatz wurden meine Füße kälter und der Buff hielt die Kälte von meinem Gesicht kaum noch ab. Anfangs hatte ich diesen noch über Mund und Nase gezogen. Als der Sauerstoff jedoch weniger wurde, musste ich jedoch auf den Komfort verzichten und ging mit weit aufgerissenem Mund für die Luftaufnahme weiter.

Es ging stetig bergauf, unzählige Steine zählte ich aus Ablenkung auf dem Weg und nach einer kurzen Trinkpause liefen wir weiter. Wie viele Pausen mögen noch folgen bis zum Gipfel?

Doch schon kurze Zeit später der nächste Schock: Ich musste mich wieder übergeben. Ich dachte an die Worte der Guides, die uns vorher sagten, dass Übelkeit in Maßen okay ist, aber nach vier bis fünf Mal gefährlich werden kann. Werde ich es bis zum Gipfel schaffen, ohne zu viel Flüssigkeit zu verlieren?

Nachdem mein Magen wieder entleert war, ging es etwas besser und ich setzte den Gipfelsturm fort. Nach einigen Stunden kamen wir schließlich auf ein Plateau und der Guide erklärte uns, dass es nur noch eine Stunde bis zum Stella Point wäre, dem Vorboten des Uhuru Peak. Das sollte doch machbar sein. Ich trank aufgrund der Übelkeit nicht viel und wurde direkt vom Guide ermahnt, dass ich doch mehr Flüssigkeit zu mir nehmen müsste. Also befolgte ich den Rat und trank meine 500 ml-Flasche aus. „Wenn das mal gut geht", dachte ich mir…

Es ging nicht gut und nach etwa einer halben Stunde musste ich das eben getrunkene eiskalte Wasser wieder erbrechen. Numero 3, na super… Die Guides beratschlagten sich bereits auf Swahili und schauten mich immer wieder genau an. Offensichtlich sah ich nicht mehr allzu frisch und munter aus.

Sie fragten mich, ob es weiterginge oder ich lieber abwärts gehen wollte. Da mir es nach einigen Minuten schon wieder etwas besser ging, wollte ich weitergehen und mir die einmalige Chance auf den Gipfel nicht entgehen lassen. Also dachte ich mir: „Die paar Meter wirst du auch noch schaffen!".

Jeder Schritt wurde zur Qual und nach einigen Metern musste ich wieder eine kurze Pause machen und erst einmal Luft holen. Sollte ich es in diesem Schneckentempo schaffen? Ich ging weiter. Der Wille war definitiv da. Einen Fuß vor den anderen setzen, Steine zählen und nicht umfallen: Das war meine Devise.

Plötzlich waren mehr Menschen unterwegs und als ich hochschaute, entdeckte ich mithilfe meiner Stirnlampe das Schild „Welcome to Stella Point – 5.739m". Ich ließ mich auf eine Bank fallen und sank in mich zusammen. Mir wurde wieder schlecht und als ich auch noch den letzten Rest meines Mageninhaltes erbrochen hatte, schaute ich nur meine Guides an und wusste, das war das Ende meines Gipfelsturms. Höhenkrankheit, na super.

Von der Höhenkrankheit hatte ich bereits einige Zeit zuvor bei der Vorbereitung auf meine Nepal-Reise gehört. Sie kann bereits ab einer Höhe von 2.500 Metern auftreten und unterschiedlich stark ausgeprägt sein. Mal zeigt sie sich nur anhand leichter Kopfschmerzen, mal durch Appetitverlust oder eben Erbrechen. Zudem kommen oft Schwindel, Schlafstörungen und Atemnot dazu. Wenn die Höhenkrankheit nicht schnell durch niedrigere Höhen abgemildert wird, kann ein akutes und lebensbedrohliches Höhenhirnödem oder ein ebenfalls lebensgefährliches Lungenödem entstehen.

Ich hatte bereits vorher von berühmten Bergsteigern von der Höhenkrankheit erfahren und konnte mir nicht vorstellen, dass einem sportlichen jungen Menschen diese Symptome widerfahren können. Die Höhenkrankheit tritt nämlich unabhängig von der Sportlichkeit oder Kondition auf und kann jeden treffen. Zudem werden die Symptome schlagartig schlimmer, wenn es immer weiter bergauf geht. Das einzige wirkliche Gegenmittel ist das Absteigen auf erträglichere Höhen. Nun hatte es mich also erwischt.

In diesem Zustand konnte ich unmöglich weiter zum Gipfel gehen. Obwohl es nur noch knapp 150 Höhenmeter bis zum Gipfel waren, wusste ich, dass ich es nicht schaffen würde. Nicht, wenn ich nichts mehr trinken kann, weil ich es direkt wieder erbreche.

Nach einigen Minuten Pause und der Hoffnung, dass es doch besser werden würde und ich trotzdem in Richtung Gipfel weitergehen könnte, genoss ich einfach nur die Pause. Keine Strapazen für meine Beine für einen kurzen Moment, kein Ringen nach Sauerstoff, herrlich.

Doch schließlich kam mein Guide zu mir und sagte, dass es besser wäre, wenn ich wieder hinuntersteigen würde, da mein Gesundheitszustand es nicht zuließe weiter aufzusteigen. Da hatte ich es. So weit gekommen und doch nicht geschafft. Ich war den Tränen nahe, dachte aber an den bevorstehenden Abstieg und ein gemütliches Zelt. Letztendlich war es meine Entscheidung, ich hätte auch auf Kosten meiner Gesundheit weitergehen können und den Gipfel versuchen können zu erreichen, aber wäre ich dann noch hinuntergekommen? Überall lagen Liegen zum Krankentransport auf den Wegen und Hubschrauberlandeplätze sah man überall. Sollte ich das riskieren und womöglich mein Leben auf's Spiel setzen?

Ich dachte an meine Besteigung in Nepal im vergangenen Jahr, wo nur vier von zwölf Bergsteigern den Gipfel erreichten (ich war eine der vier) und wo ich nicht verstehen konnte, dass man sich diese einmalige Chance entgehen lässt. Nun wusste ich warum: Wenn der Körper und die

Gesundheit nicht mehr mitspielen, sollte man nichts riskieren und unter den 20 Todesfällen, die der Kilimanjaro jedes Jahr fordert, auftauchen. Wenn man hier oben weniger als drei bis vier Liter Wasser trinkt, hat man eigentlich verloren. Und ich konnte definitiv keinerlei Flüssigkeit mehr in mir behalten.

Ich steige ab! Das war meine Entscheidung, die mein Guide befürwortete und regelte, dass einer der Guides mit mir abstieg. Nach einer letzten Verabschiedung vom Stella Point machte ich mich also auf den Rückweg, bergab – ein super Gefühl! Im Nachhinein ärgere ich mich etwas, dass ich dort mit meinem Smartphone kein Foto geschossen habe, aber in diesem Moment hatte ich andere Sorgen... Die Erinnerungen jedenfalls werden für immer bleiben.

Auf dem Weg hinunter wurde mir schließlich klar, was ich erreicht hatte. Es konnte doch nicht sein, dass ich diesen Weg tatsächlich hochgestiegen bin, oder? Im Dunkeln erkannte man gar nicht, welch ungeheuren Weg ich hinaufgestiegen war. Jetzt in der Morgendämmerung wurde mir meine Leistung schlagartig bewusst.

Nach einer Stunde Abstieg machten wir eine Pause und ich setzte mich auf einen Stein, um den Sonnenaufgang zu beobachten. Hoch über den Wolken einen Sonnenaufgang zu genießen hat etwas, auch wenn einem kurz vorher noch total übel war und man am liebsten nicht mehr weitergehen würde.

Vorbei an Eisfeldern und Gesteinen, die man im Aufstieg aufgrund der Dunkelheit gar nicht gesehen und bemerkt hatte, bahnten wir uns den Weg bergab. Dies war gar nicht so leicht, da der steinige Weg dafür sorgte, dass man mehr rutschte, als zu gehen. Trotzdem behielt ich das Gleichgewicht und war nach neun Stunden endlich wieder am Basislager und meinem Zelt angelangt. Wie froh ich war, dass ich mich nun wieder hinlegen konnte und meine Beine und mein Kopf etwas Entlastung erhielten.

Nach einem leckeren Mangosaft und dem Empfang der Träger, die unten geblieben waren, ging es mir bereits etwas besser und ich konnte auch wieder lachen. Es war die richtige Entscheidung, dass ich abgestiegen bin und die letzten Höhenmeter aufgrund der gesundheitlichen Probleme und der Höhenkrankheit nicht mehr durchgezogen habe. Wer weiß, ob ich sonst mit eigenen Kräften wieder nach unten gekommen wäre…

Im Basislager legte ich mich sofort in meinen Schlafsack und war mitsamt Kleidung innerhalb von einer Minute eingeschlafen. Erst nach einigen Stunden Schlaf weckte mich der Duft eines leckeren Frühstücks und ich hatte nach über zwei Tagen endlich auch wieder etwas Hunger.

Nach einem kurzen Frühstück und Ausruhen gingen wir gegen Mittag weiter bergab. Unser Ziel war das Mweka Camp auf 3.100 Metern. Nochmals sieben Stunden wandern mit schweren Beinen. Aber es half alles nichts und so machten wir uns auf den Weg. Der Weg war zunächst immer noch steinig, ehe mit einiger Zeit die Natur zurückkam und auf 4.000 Metern Höhe kleine Sträucher zu sehen waren. Die Vegetation hatte mich wieder. Je weiter man abstieg, desto mehr Pflanzen und Tiere konnte man beobachten. Der Sauerstoff wurde merklich besser. Die Kopfschmerzen und die Übelkeit legten sich auch und so hatte ich im Camp kaum mehr Anzeichen der Höhenkrankheit. Zur meiner Erleichterung. Auch die Guides waren sichtlich erleichtert, dass es mir besser ging. Das Essen schmeckte wieder und an die Toilettensituation hatten sich mittlerweile auch alle gewöhnt.

Die letzte Nacht im Zelt war definitiv die längste. Nach solch einem langen und anstrengenden Tag mit 16 Kilometern Wanderung und 20 Stunden auf den Beinen auch verständlich. Der letzte Tag am Berg sollte noch einmal mit einer zehn Kilometer Wanderung enden, bergab kein Problem. So gingen wir forschen Schrittes den Weg durch den Regenwald in Richtung Mweka Gate und waren nach nur zweieinhalb Stunden dort angekommen. Alle wollten nur noch in die Zivilisation zurück und deshalb war die Motivation, schnell anzukommen, entsprechend groß. Am Mweka Gate machten wir noch ein Gruppenfoto für unsere Fotoalben und trugen uns schließlich im Parkbuch wieder aus. Alle hatten den Park mehr oder weniger gesund verlassen und wurden nicht in irgendeiner Felsspalte vermisst oder direkt ins Krankenhaus eingeliefert. Das war definitiv nicht selbstverständlich.

Dadurch, dass wir bereits mittags am Mweka Gate ankamen, fuhren wir zunächst zu einem kleinen Laden und von dort weiter zum Hotel nach Moshi. Hier gab es erst einmal ein Erfrischungsgetränk. Die warme Sonne war definitiv etwas Anderes als noch vor einem Tag die -15 Grad im Zelt. Dort erhielten wir auch unser Zertifikat, die offizielle Bestätigung, dass ich es immerhin bis zum Stella Point geschafft hatte.

Nach unzähligen Nachrichten, die erst einmal beantwortet werden mussten (in den letzten sechs Tagen gab es schließlich keinen Handyempfang!), packte ich meine Sachen aus und genoss das gemütliche Bett in meinem Zimmer. Ein richtiges Bett, super für meinen von der Isomatte geschundenen Rücken. Zudem musste ich erst einmal die Highlights des Sieges meiner Borussen gegen die großen Bayern ansehen. Dieser war zwar schon drei Tage her, aber ich erfuhr erst jetzt davon.

Es folgte ein reichhaltiges Abendessen und ich telefonierte mit meiner Familie aus Deutschland, um mittzuteilen, dass ich die Tour gut überstanden hatte. Dann ging ich zeitig ins Bett. Schließlich sollte es morgen bereits auf eine zweitägige Safari gehen, bevor ich wieder zurück nach Hause flog.

Früh am nächsten Morgen holte mich auch bereits ein Fahrer ab und als puren Luxus hatte ich sogar einen deutschsprachigen jungen Reiseführer, der zwar nicht perfekt deutsch sprach, sich aber alle Mühe gab und wir uns teilweise auf Deutsch und Englisch unterhalten konnten. Ein klasse Reiseleiter, mit dem ich mich sogleich auch auf den sozialen Netzwerken vernetzte. David, du wirst immer ein Teil meines Afrika-Abenteuers bleiben. Etwa vier Stunden fuhren wir zum Tarangire-Nationalpark, der ebenso wie der Kilimanjaro im Norden Tansanias liegt. Nach einem Lunch und einer kurzen Wartezeit, da der Fahrer sich eine Erlaubnis für den Park holen musste, fuhren wir in den Park. Der Jeep konnte sein Dach öffnen, sodass man die Tiere ohne störendes Fensterglas beobachten konnte. Bereits auf den ersten Metern sah ich eine Giraffe und als wir um die Ecke bogen kamen uns Warzenschweine, Zebras und Antilopen entgegen. Solch eine Natur habe ich vorher, außer in Tierparks, noch nie gesehen. Da ich ohnehin ein Tierfreund bin und gerne in Zoos und Tierparks gehe, war dies einzigartig für mich. Die reinste Freude.

Als wir vorher im Auto über Lieblingstiere sprachen, hatte ich David gesagt, dass ich Kängurus und Elefanten super finde. Kängurus wird schwer sagte er, aber Elefanten sind in dem Nationalpark bekannt, da im Tarangire-Nationalpark die weltweit größten Herden von afrikanischen Elefanten leben. Ob wir welche sehen werden, wisse er nicht, meinte er aber. Man muss eben Glück haben. Nach nur zehn Minuten war der Fahrer plötzlich aufgeregt und meinte, er rieche Elefanten. Ich glaubte schon, dass dieser nun vollständig verrückt geworden war, aber tatsächlich kam auf einmal eine riesige Elefantenherde auf uns zu.

Der Fahrer hielt an und ich stand am Dach des Autos und schaute gespannt durch den Ausguck. Was für ein Naturschauspiel! Über 40 Elefanten, kleine, große, dicke und dünne, überquerten direkt vor uns die Schotterpiste. Ich knipste einige Fotos und konnte dann nur noch staunen und den Tieren zuschauen. Wow, damit hatte ich tatsächlich nicht gerechnet. Dabei waren auch supersüße Elefantenbabys, die immer im Schatten ihrer Mütter unterwegs waren und einfach total faszinierend für mich waren. So klein und im Vergleich zu uns Menschen doch so groß.

Neben den Elefanten fanden sich auch Zebras und Warzenschweine an der nahen Wasserstelle ein und tranken oder erfrischten sich im Wasser. Wir blieben noch eine Weile dort und schauten den Tieren zu. Natur pur und so nah. Ich hatte viel von den Safaris in Tansania gelesen, aber vorstellen konnte ich mir das nicht. Und dass man bei jeder Safari die Tiere, die dort leben, zu Gesicht bekommt, ist auch pures Glück.

Wir fuhren weiter und bekamen weitere Tiere, wie Adler, Geier, Affen und sogar eine Python zu sehen. Dies war auch eine Premiere für meinen Guide, der im Tarangire-Nationalpark zuvor noch nie eine Python gesehen hatte. Etwas unwohl war mir bei dem Anblick schon und ich hielt lieber wieder Ausschau nach Elefanten und Giraffen. Doch David war fasziniert und öffnete sogar die Beifahrertür. Die Python lag nur etwa einen Meter vom Auto entfernt. Etwas verrückt, daher hielt ich mich lieber zurück.

Abbildung 17 Der Tarangire-Nationalpark ist bekannt für seine Elefanten

Über 600 Fotos, wie ich später feststellte, zeugten von der ungeheuer schönen Natur- und Pflanzenwelt, die sich mir hier bot. Nach einigen Stunden Safari, wunderschönen Tieren, einer einzigartigen Natur und unzähligen Eindrücken, fuhren wir gegen Abend etwa eine Stunde mit dem Jeep nach Karatu. Die kleine Stadt mit etwa 20.000 Einwohnern liegt noch etwas nördlicher als der Tarangire-Nationalpark.

Hier war die Natur wieder eine andere als noch in Moshi. Der großartige Sonnenuntergang konnte vom kleinen Balkon genossen werden, ehe es zu einem großen Abendbuffet ging, bei dem regionale Spezialitäten ebenso vertreten waren, wie klassische Nudeln und Kartoffeln. Nach einem gelungenen Nachtisch und dem Checken der neuesten Handy-News, ging es früh ins Bett. Am nächsten Tag stand bereits der letzte Tag in Tansania auf dem Plan, ehe es abends zurück nach Deutschland beziehungsweise Amsterdam gehen sollte.

Früh morgens holte ein echter Massai mein Gepäck ab und trug die schwere Tasche glücklicherweise direkt zum Jeep. Die Massai sind ein Nomadenstamm, der hier sehr stark vertreten sind. Auf den Straßen sah ich viele der Massai am Straßenrand ihre Kuh- oder Schafsherden behüten. Einen ungewöhnlichen Anblick boten viele Jungen, die komplett in schwarz gekleidet und mit weißer Farbe im Gesicht geschminkt waren.

Wie ich später von David erfuhr, verbringen aufgrund einer Tradition die Massai-Jungen im Alter von 10-14 Jahren eine gewisse Zeit alleine in der Wildnis, ganz ohne die Familie oder Nahrung. Etwa zwei Monate müssen sie ganz allein in der Natur zurechtkommen, sich versorgen und sich behaupten. Wenn sie zurückkehren, sind sie dann bereit zum Heiraten und können ihre eigenen Familien gründen. Eine total faszinierende aber zugleich auch nicht ganz kindgerechte Tradition der Massai. Schulbildung, Einkaufen im Supermarkt, Küchen oder Autos nutzen sie nicht, sie ernähren sich ausschließlich von den Tieren, die sie besitzen, essen rohes Fleisch und nutzen die Pflanzen in der Natur zum Überleben.

Als ich von David mehr über die Massai erfuhr, stellt sich heraus, dass die meisten Massai nicht mehr so leben, sondern sich mit der Zeit dem Rest der Bevölkerung angepasst haben. So war mein Reiseleiter ebenfalls ein Massai, studierte aber und möchte die Traditionen hinter sich lassen. Zwar waren vier seiner fünf Schwestern bereits jung verheiratet (worden), aber er führt ein sehr eigenständiges Leben, will selbst entscheiden, was die Zukunft bringt. Für mich waren die Massai sehr faszinierend und zugleich bewundernswert. Nur von der Natur zu leben, obwohl die Zivilisation so nah ist, erfordert eine Menge Disziplin. Nun bewunderte ich die Familien und schwarz-gekleideten Jungen am Straßenrand mit einem anderen Blickwinkel.

Heute ging es direkt weiter zum Lake Manyara Nationalpark, in dem wieder eine Safari anstand. Da mein Flug erst am späten Abend vom Kilimanjaro Flughafen ging, konnten wir bis zum Nachmittag auf der Safari bleiben und anschließend die vier Stunden zum Flughafen fahren. Der Nationalpark besteht zum größten Teil aus dem gleichnamigen See, der insbesondere viele Flusspferde und Flamingos anlockt.

Kurz nach dem Parkeingang kamen wir bereits an einigen Affen und Antilopen vorbei, ehe es in einem unübersichtlichen Rundkurs weiterging. Die ersten Giraffen, Zebras und Gnus waren auch schnell gesichtet und ließen meine Kamera nicht arbeitslos werden. Für die Reise hatte ich mir extra ein neues Objektiv zugelegt. Die richtige Entscheidung, wie ich auf der Safari feststellte. Teilweise kamen die Tiere aber so nah an unseren Jeep heran, dass ich sie hätte berühren können.

Auch Elefanten konnte ich im Lake Manyara Nationalpark wieder aus nächster Nähe beobachten und war fasziniert von deren ruhiger Ausstrahlung. Der Nationalpark ist bekannt für seine kletternden Löwen, die ich jedoch leider nicht gesehen habe. Dafür sah ich eine große Herde an Büffeln und entfernt einige Flusspferde. Da die Regenzeit gerade erst begann, waren die Flusspferde noch nicht allzu verbreitet. Sobald das Wasser ansteigt, werden die Flusspferde häufiger und auch näher gesichtet.

Nach einer großartigen Safari war auch dieser Tag schnell vorbei und wir mussten uns auf den Weg in Richtung Flughafen machen. Auf der Autofahrt schlief ich bereits etwas ein, ehe ich auf dem Weg vom Trubel der belebten Märkte am Wegrand geweckt wurde und die Busse, die die Einheimischen nutzen, beobachtete. Ein europäischer Sieben-Sitzer war hier schnell mit über 20 Leuten vollgepackt. Zudem quetschten die Fahrer noch einige Ziegen und Hühner in den Kofferraum, der reinste Wahnsinn! Da lobe ich mir manchmal die deutsche Ordnung.

Am Flughafen angekommen verabschiedete ich mich von David und vom Fahrer, die mich auf der Tour mit voller Herzlichkeit und Gastfreundschaft begleitet haben und war auch schon wieder fast zuhause. Nach einem Platten am Flugzeug verzögerte sich der Abflug jedoch um drei Stunden, sodass ich schon befürchtete, meinen Zug in Amsterdam zu verpassen. Ich nutzte die Zeit auf dem Rollfeld schon einmal für ein Schläfchen.

Dass ich sogar die Zwischenlandung in Daressalam verschlief, zeugt von meiner ungeheuren Müdigkeit. Meine Sitznachbarn mussten sicherlich oft nachschauen, ob ich noch atme, so fertig war ich nach dieser Reise. Ich verschlief das gesamte Flugzeugessen, was ich aber nicht bereute. Das Essen im Flugzeug ist bis auf ganz wenige Ausnahmen nichts für mich. Ich esse auch auf langen Flügen, wenn überhaupt, nur trockene Brötchen oder Kekse, da mir vom Flugzeugessen schon des Öfteren übel geworden ist. Schon komisch, dass ich auf den wildesten Achterbahnen den größten Spaß habe und auf relativ ruhigen Linienflügen ein gewisses Unwohlsein in der Magengegend verspüre. Am Flughafenbahnhof in Amsterdam musste ich mich beeilen, dass ich meinen Zug zurück ins Ruhrgebiet nicht verpasste und so blieb auch hier nur kurze Zeit zum Frühstücken. Letztendlich passte alles und so war ich bereits am nächsten Mittag in meiner Heimat angekommen und konnte von vielen Erfahrungen und Erlebnissen berichten.

Die Besteigung des Kilimanjaro und die anschließende Safari waren definitiv eine großartige Erfahrung. Die afrikanische Kultur habe ich als sehr spannen empfunden und die Einheimischen haben mit ihrer herzlichen Art immer ein Lächeln für mich übriggehabt. Zudem ist die afrikanische Tierwelt überragend und sehr vielfältig. Die riesigen Elefanten, Giraffen, Büffel oder Zebras von so Nahem sehen zu können, hat mich sehr glücklich gemacht. Von solchen Momenten zehre ich auch später noch, wenn ich wieder an meinem Schreibtisch sitze und über meine Reisen nachdenke.

Die Lebensumstände insbesondere der Kinder haben mich jedoch auch sehr bedrückt und zum Nachdenken gebracht. Während wir in Deutschland über die Politik diskutieren und belanglose Dinge beschließen, haben die Kinder in Tansania keine Chancen auf Schulbildung oder regelmäßige Nahrung.

Das hat mich auch später noch sehr nachdenklich gemacht. Jedoch lebt ein Großteil der Einwohner dort vom Tourismus, der insbesondere am Kilimanjaro und in den

Nationalparks stattfindet, sodass man nur wirklich helfen kann, wenn man die afrikanische Lebensweise einmal selbst erlebt und die Herzlichkeit und Freundlichkeit der Afrikaner gespürt hat. Mir wurde immer deutlicher, dass man auch mit wenig Hab und Gut glücklich sein kann. Was zählt ist die Familie und die eigene Einstellung zum glücklich sein.

Es gibt eben Schlimmeres, als wenn einem kurz vor dem Flug die Speicherkarte des Handys kaputt geht…

Abbildung 18 Am letzten Camp vor dem Gipfelsturm auf 4.673 Meter – noch lache ich

Österreich

Österreich hört sich nun wirklich nicht nach einem actionreichen Land an. Man denkt vielmehr an Sachertorte, Trachten und traditionsreiche Feste. Aber weit gefehlt. Auch in unserem Nachbarland lassen sich allerhand Abenteuer erleben.

Eines meiner „Irgendwann" Déjà-vus: Einmal mit einem Gleitschirm von einem Berg starten und das wunderschöne Bergland von oben bestaunen. Da ich Berge und Herausforderungen liebe, stand der Gleitschirmflug schon lange auf meiner Wunschliste. Auch das war wieder eines dieser Abenteuer, welches ich mir erst erarbeiten musste. Lange wünschte ich mir einen Gleitschirmflug zu Weihnachten und zum Geburtstag. Meine Eltern aber hielten das immer wieder für Quatsch und so musste ich den Wunsch immer wieder auf meine Liste setzen, bis er endlich Wirklichkeit wurde.

Meine Eltern und ich fuhren im Sommer 2017 ins Montafon im schönen Vorarlberg. Hier fuhren wir bereits seit einigen Jahren Ski und Snowboard. Meine Mutter machte bereits als Kind im Montafon Urlaub, ob im Sommer oder Winter, und wollte mir die Berge auch einmal im Sommer zeigen. Im Winter gefiel mir das kleine Tal kurz vor den Schweizer Bergen sehr und das Skigebiet ist riesig. Perfekt für uns Power-Skifahrer beziehungsweise Snowboarder. Nun sollte es also auch einmal im Sommer ins Montafon gehen. Den Urlaub verbanden wir mit einem Abstecher mit dem Wohnmobil nach Italien. So hatte jeder etwas von dieser Reise. Sommer, Berge, Meer, was will man mehr?

Zu dieser Zeit war meine Wanderbegeisterung bereits geweckt. Nicht nur Wandern gefiel mir, auch Klettern hatte es mir angetan.

Schon lange bevor wir in den Urlaub starteten, machte ich einen Termin für den Gleitschirmflug aus. Da das Wetter ideal passen müsste und wir spontan sein müssten, legten wir immerhin zwei Tage Zwischenstopp im Montafon ein. In diesen zwei Tagen musste das Wetter also gut sein, zumindest der Wind. Am ersten Tag wurde ich frühmorgens angerufen und der geplante Gleitschirmflug aufgrund des Wetters abgesagt. Na super! Noch eine Chance auf meinen Traum, sonst muss ich eben nächstes Jahr wiederkommen.

Wir unternahmen am ersten Tag daher eine Wanderung zur Zamangspitze, auf der ich bereits beim Freeriden mit dem Snowboard meine ersten Erfahrungen im Tiefschnee sammeln konnte. Ein kurzes Stück Kletterei bis zum Gipfelglück und es ging wieder hinunter in Richtung Wormser Hütte. Diese Hütte ist der absolute Wahnsinn. Insbesondere was den Apfelstrudel betrifft. Alles wird frisch und mit lokalen Zutaten zubereitet und schmeckt einfach wahnsinnig gut. Wenn ihr einmal in der Nähe seid, ist die Hütte ein absolutes Muss, egal ob im Winter oder Sommer. Die Hütte liegt idyllisch zwischen zwei Berghängen und bietet ein tolles Panorama. Von hier aus hat man einen super Blick auf das Montafoner Tal. Auf der Wormser Hütte kann man sogar übernachten, was mich definitiv auch reizen würde.

Wir aßen hier gemütlich unsere Leckereien, als plötzlich mein Handy klingelte. Der Gleitschirmpilot teilte mir mit, dass das Wetter besser wurde und der Flug heute noch stattfinden könnte.

Ob ich vorbereitet war? Weder physisch noch psychisch war ich startklar! Ist meine dünne Jacke wirklich ausreichend? Und was wenn mir das doch zu hoch ist? Aber viel Zeit zum Überlegen blieb mir nun nicht mehr. Während der Gleitschirmpilot mit der Bahn nach oben zur Hütte kam, fuhren meine Eltern wieder hinunter und ich blieb alleine oben. Schon bald war ich nur noch alleine mit dem Hüttenpersonal auf der urigen Hütte. Man versprach mir ein tolles Erlebnis und ich hoffte einfach, dass alles gut ging und das Wetter nicht doch schlechter wurde. Denn draußen wurde es immer wolkiger. Der Gleitschirmpilot begrüßte mich nach seiner Ankunft und sagte, dass alles recht schnell gehen musste. Also schnell Overall angezogen und Handy gut weggesteckt. Nun sollte ich mithelfen, den Gleitschirm auszupacken und die unzähligen Schnüre zu entknoten. Was, wenn ich einen übersehen hatte?

Keine Zeit zum Nachdenken! Der Pilot sagte mir kurz, wie ich anlaufen sollte und schnallte mich schon fest. Die wenigen Schaulustigen aus der Hütte beobachteten das ganze Spektakel aus sicherer Entfernung. Die Vorfreude wurde immer größer, gleichzeitig stieg aber auch die Anspannung.

„So, jetzt zählt's", sagte der Pilot und ich rannte los. Also zumindest dachte ich das. Schon nach zwei Metern wurde der Gleitschirm so vom Wind mitgerissen, dass er sich verhedderte. „Keine Panik" kam vom Piloten, das passiert ständig. Sehr beruhigend das Ganze. Also nochmal alles entknoten und wieder auf Startposition. 3, 2, 1, Re-Start! Wieder zog es mit nach wenigen Metern schlagartig nach hinten. Diesmal aber hoben wir ab! Ich lief weiter und kam mir etwas blöd vor, da wir bereits in der Luft waren. Aber das hatte mir der Pilot vorher so mit auf den Weg gegeben, für den Fall, dass man doch noch einmal aufsetzt.

Wir hoben immer weiter ab und nach wenigen Sekunden hatte die Wormser Hütte hinter uns nur noch die Größe eines Spielzeughauses. So fühlt sich also Freiheit an. Ich konnte gar nicht fassen, dass ich nun schon hunderte Meter über den Boden war! Ein unglaubliches Gefühl. Die Aussicht von hier oben war einmalig. Man sah das gesamte Montafoner Tal und konnte auf der anderen Seite die Schweizer Berge erspähen. Viele Berge über 3.000 Meter hatten noch eine kleine Schneekuppe vom letzten Winter auf ihren Spitzen. Das Panorama, welches man sonst nur von den Gipfeln kennt, war aus der Luft noch einmal ein ganz anderes. Zudem war das Gefühl, in der Luft zu schweben und sich so frei wie noch nie zu fühlen, einfach einmalig.

Nach einigen Minuten schieren Staunens über die Schönheit der Berge, fragte der Pilot mich, ob ich mal lenken wollte. Na klar wollte ich und nahm schon die Zügel in die Hand. Alles recht einfach, rechts ziehen heißt Rechtskurve, links entsprechend Linkskurve. Die ganze Verantwortung lag gerade in meinen Händen. Der Pilot machte in aller Ruhe seine Fotos, die ich später in mein Fotoalbum kleben würde. Währenddessen lenkte ich den Gleitschirm fröhlich weiter, als hätte ich nie in meinem Leben etwas Anderes gemacht. Dann übernahm wieder der Pilot und legte ein paar schärfere Kurven und Drehungen hin.

Ganz schlechte Idee. Mir wurde schlagartig übel, aber zum Glück war es nicht mehr lange bis zum Tal. Ich sah die Häuser und Menschen bereits etwas deutlicher und nicht mehr nur in Lego-Größe. Weit konnte es also nicht mehr sein. Ich sah einige bekannte Gebäude und den Montafoner Aktivpark, wo sich die Skisprungschanzen und Sportplätze befinden. Die Landung war überraschend weich. Wir setzten mit den Füßen zuerst auf und glitten sanft über die Wiese. Unten warteten bereits meine Eltern und konnte eine glückliche Tochter in ihre Arme schließen. Dieses Geburtstagsgeschenk hat mir einen meiner Träume erfüllt. Dazu war ich ein echter Glückpilz, denn das Wetter passte für den Flug perfekt. Schon am nächsten Tag war das Wetter nicht mehr so gut. Wer weiß, ob der Flug dann hätte stattfinden können… Manchmal muss man eben auch spontan sein. Das hatte auf jeden Fall den Vorteil, dass ich mir im Vorfeld nicht allzu viele Gedanken machten konnte.

Der Gleitschirmflug war ein Abenteuer, welches ich nie in meinem Leben vergessen und sicherlich auch noch meinen Enkelkindern erzählen werde. Es wird sicherlich nicht das letzte Mal gewesen sein, dass ich mit einem Gleitschirm durch die Luft fliege. Es gibt ja schließlich nicht nur das Montafoner Tal, was aus der Luft fantastisch aussieht.

Abbildung 19 Ein Traum wird wahr: Mit dem Gleitschirm über das Montafoner Tal!

Kanada

Einmal im Leben in Kanada Skifahren, ein Traum für viele. Meine Mutter und ich haben uns diesen Traum erfüllt und sind im April 2019 von Frankfurt nach Calgary geflogen, um in den etwa zwei Stunden von Calgary entfernten Skigebieten Mt. Norquay, Lake Louise und Sunshine Village Ski, beziehungsweise Snowboard zu fahren!

Auf ging es also, zunächst mit der Bahn nach Frankfurt und von dort mit dem Flieger nach Calgary, wo der Mietwagen bereits auf uns wartete. Das Skigepäck wird mit Air Canada kostenlos mitgeschickt, somit kann man auch in Kanada auf sein eigenes Material vertrauen. Ein toller Service wie ich finde.

Nach dem langen Flug ging die Fahrt mit dem Mietwagen weiter und wir kamen am Nachmittag an unserem Zielort Banff, wo unser Hotel lag, an. Da ich zu dem Zeitpunkt erst 24 Jahre alt war, musste meine Mutter den Chauffeur spielen, denn ich durfte leider kein Mietauto fahren. Für sie, die, wenn es geht, meinen Vater Autofahren lässt, sicherlich eine Überwindung, gerade nach dem langen Flug.

Das Hotel, welches auf der zentralen Straße in Banff lag, war nun für die nächsten Tage unser Zuhause. Ausgestattet mit großen Betten, einer Mikrowelle und einem Schwimmbad mit Whirlpool, fühlten wir uns direkt wohl.

Am ersten Tag schliefen wir erst einmal ein bisschen länger, da wir uns an die neue Zeit, knapp acht Stunden hinter der deutschen Zeit, erst noch gewöhnen mussten. Daher waren wir den ersten Tag noch nicht auf der Piste, sondern schauten uns den 45 Minuten entfernten Lake Louise an und erkundeten die Umgebung. Am Lake Louise gibt es einige kleine Wanderrouten, unter anderem zum Fairmont Viewpoint, von dem man einen wunderschönen Blick auf den See und das angrenzende Hotel hat. Außerdem kann man im Winter über den zugefrorenen See spazieren und Eiswasserfälle bestaunen. Da der erste Tag in Kanada uns direkt mit Sonne satt verwöhnte, erhielten wir viele schöne Eindrücke und freuten uns auf unseren ersten Skitag.

Die Skigebiete in Kanada sind einzigartig. Die Pisten sind leer, es gibt kein Gedränge an den Liften und die Mitarbeiter und anderen Skifahrer sind immer freundlich und gaben uns oft Tipps für die besten Abfahrten. Außerdem wird das Umweltbewusstsein hier wirklich gelebt. So gibt es kaum Plastikartikel in den Skihütten, sondern wiederverwendbare Becher, Holzbesteck und Pappschachteln. Es werden die Bäume, die Skipisten weichen mussten, für die imposanten Skihütten wiederverwendet. Definitiv ein Vorbild für die heimischen Skigebiete in den Alpen. Einzig die Skitickets sind hier noch sehr altmodisch aus Papier und werden per Hand kontrolliert.

Da wir im kanadischen Frühling reisten, war das Wetter angenehm und nicht zu kalt. Die Pisten hatten wir meist für uns allein, sodass insbesondere die morgendlichen Abfahrten auf den frischgespurten Pisten ein Traum waren. Zudem konnte man so ungestört den Panoramablick auf die Rocky Mountains genießen.

In den Skigebieten Lake Louise, Sunshine Village und Mt. Norquay gibt es unzählige Abfahrten, von leicht bis schwer, von frisch präpariert bis Buckelpiste oder Tiefschnee. Zudem stehen einige Funparks zur Verfügung. Hier ist also definitiv für jeden etwas dabei, auch wenn man sich als Europäer zunächst wundert, dass mitten auf der Skipiste Bäume stehen oder ganze Abfahrten durch Wälder führen.

Alle Abfahrten an nur wenigen Tagen zu fahren ist schier unmöglich. Doch durch die sogenannten Orientierungsfahrten, die in den Skigebieten Lake Louise und Sunshine Village angeboten werden, erhält man einen guten Einblick und erfährt allerhand Hintergrundinformationen, auch über die Natur und die Umgebung.

Bei den „Ski Friends“ in Lake Louise teilt man sich je nach Skifahrerkönnen in mehrere Gruppen ein und fährt anschließend mit Skifahrern aus der ganzen Welt und den heimischen „Ski Friends“ für etwa zwei Stunden im gesamten Skigebiet umher. Insbesondere für Skifahrer, die noch nie in diesem Skigebiet gefahren sind, ist dieses Angebot eine gute Idee, um die Touristen und die Einheimischen zusammenzubringen und den, meist europäischen Skifahrern eine erste Orientierung des Skigebietes zu geben.

Dank Plan findet man sich anschließend auch gut selbst im Skigebiet zurecht. Man kann selbstverständlich auch mehrfach mit den „Ski Friends“ mitfahren und die Gesellschaft mit diesen genießen und sich austauschen. Wir fuhren mit einem Rentnerehepaar, welches einmal die Woche herkam, um mit Touristen Ski zu fahren.

In Lake Louise gibt es zahlreiche Abfahrten. Man kann hier die Weltcupstrecke des jährlichen internationalen Skirennens testen oder die vielen schlangenartigen Pisten fahren, bei denen man das Bergpanorama genießen kann. Zudem gibt es einige schwarze Abfahrten, die teilweise gewalzt sind und für Könner ein echter Genuss sind.

Im Vergleich zu den deutschen oder österreichischen Skipisten sind die schwarzen Abfahrten hier noch eine Nummer steiler. Auch ein Schlepplift ist hier nur für Könner. Davor wird eindringlich vor Betreten der Liftanlage gewarnt: „Experts only“. Am Rand findet man Seile, die man ergreifen kann, wenn man doch aus dem steilen Lift fallen sollte. So stürzt man immerhin nicht den ganzen Steilhang hinunter. Sehr beruhigend. Klar, dass wir damit fahren mussten. Ich musste meine Mutter überreden mitzufahren, aber mit ihren 50 Jahren Skierfahrung traute sie sich dann auch. Wir kamen ohne Sturz oben an und fuhren diesen Lift, den außer uns fast keiner fuhr, noch mehrere Male. Oben angekommen steht man auf einem Plateau und hat eine super Aussicht auf die umliegenden Gipfel und das gesamte Skigebiet. Die Anspannung während der Liftfahrt lohnt sich also auf jeden Fall.

Nach ein paar Tagen Skifahren in Lake Louise kannten wir die besten Pisten bereits gut. Klar, dass wir dann die übrigen Pisten auch testen mussten. Nachdem wir mit einem bequemen Sessellift mit Sitzheizung hochgefahren waren, schlug meine Mutter dann die nächste Piste vor, die ja sicher nicht so schwer sein würde, da dort schließlich auch etwa neunjährige Kinder fuhren. Also gut, ich war einverstanden und wir machten uns auf den Weg. Meine Mutter muss immer etwas warten, bis ich meine Schnallen am Snowboard richtig eingestellt habe. Wir fuhren die ersten Meter und stellten schlagartig fest, dass der Weg durch den Wald immer schmaler wurde. Die ersten kleinen Schneehaufen lagen uns im Weg.

Irgendwann wurde es meiner Mutter zu bunt und zu steil. Teilweise musste man wirklich hinunterspringen, was mit dem Snowboard noch besser funktionierte als auf Skiern. Ein großer Spaß für mich, aber meine Mutter schnallte kurzerhand die Skier ab und wollte wieder zurückgehen. Mich aber hatte der Ehrgeiz gepackt. Ich fuhr weiter und kam bald auf eine größere Lichtung. Hier sah ich das Problem.

Die ganze Piste war voller riesiger Felsen, die teilweise oder ganz mit Schnee bedeckt waren. Passenderweise heißt die Piste auch „Rocket Garden", was wir aber erst später erfuhren. Ich fuhr vorsichtig weiter, immer darauf bedacht nicht einen der Felsen zu übersehen und damit mein Snowboard oder gar meine Knochen zu beschädigen. Es ging hin und her, ich versuchte mich durch die Felsen zu manövrieren.

Nach etwa einhundert Metern angespannter Fahrt durch die Felsen wurde es etwas ruhiger und ich konnte am angrenzenden Waldrand weiterfahren. Doch wie verlief die Piste nun weiter? Ich schaute nach den aus Europa bekannten Hinweisschildern oder Holzstäben, konnte aber leider keinerlei Markierungen erkennen. Also einfach weiter, dachte ich mir und tastete mich nach unten. Immer am Waldrand vorbei war die Piste bald zu Ende. Also fuhr ich kurzerhand durch den Wald weiter. Ich musste aufpassen nicht von Ästen getroffen zu werden oder eine der Baumwurzeln zu übersehen. Nach einer schier endlosen Fahrt durch den Wald, bei der ich zu keiner Sekunde das Gefühl hatte, richtig zu sein, konnte ich schließlich die Piste entdecken, die wir bereits Tage zuvor gefahren waren. Immerhin wieder „normalen" Untergrund unter dem Snowboard und eine freie Piste.

Ob die Fahrt durch den Wald wirklich die korrekte Wegführung der Piste war, werde ich wohl nie erfahren. Ich war nur froh, dass ich mich nicht total verfahren hatte oder gar auf einen Abgrund zugefahren bin. Erst später wurde mir bewusst, was alles hätte passieren können. Am Sessellift traf ich dann wieder auf meine Mutter, die aufgrund meiner Erzählungen froh war, dass sie rechtzeitig den Rückweg angetreten war.

Den „Rocket Garden“ in Lake Louise werde ich garantiert so schnell nicht vergessen. Ob jemals wieder jemand mit einem Snowboard die Buckelpiste mitsamt Felsen gefahren ist, ist sowieso ungewiss. Adrenalin ist hier auf jeden Fall vorprogrammiert.

In Sunshine Village gibt es das Angebot der „Ski Friends“ ebenfalls. Hier treffen sich die Freiwilligen am Mittag mit den Touristen und fahren mit diesen bis zu drei Stunden lang mit. Dort gibt es viele verschiedene Abfahrten unterschiedlicher Schwierigkeit und zudem eine Talabfahrt, die sehr schön und angenehm zu Fahren ist. Auch für Familien ist die lange Abfahrt unterhalb der Gondel super geeignet. Man hat viel Platz und immer die Möglichkeit, sich zwischen verschiedenen Schwierigkeitsgraden der Piste zu entscheiden. So kann jeder individuell entscheiden, welche Schwierigkeit am besten passt.

Die „Ski Friends“ sind eine super Möglichkeit, um mit den Einheimischen ins Gespräch zu kommen, allerhand über die Umgebung zu erfahren und geheime Pisten zu fahren. Einige Abfahrten wären wir niemals gefahren, hätten uns die Einheimischen nicht darauf aufmerksam gemacht. Während einer Abfahrt in Sunshine Village ging eine Schnalle an meinem Snowboard kaputt. Gut, dass es ein kleines Technikzelt im Dorf gab, in dem ein Fachmann innerhalb von wenigen Minuten mein Snowboard wieder repariert hatte. Seitdem fahre ich mit einer schwarzen Schnalle aus Kanada, die mich immer an diese besondere Skireise erinnern wird.

Das Skigebiet Mt. Norquay ist etwas kleiner als die anderen beiden Skigebiete. Trotzdem lohnt sich ein Abstecher dorthin, da man die Pisten für sich allein hat und diese gut präpariert sind. Zudem ist das Skigebiet nur etwa fünf Kilometer von Banff entfernt. Uns reichte dort ein Skitag, sodass wir die übrigen Skitage in den größeren Skigebieten Lake Louise und Sunshine Village verbrachten.

Die Skigebiete Lake Louise und Sunshine sind entweder mit dem Auto oder mit dem direkt vor unserem Hotel abfahrenden Skibus bequem zu erreichen. Nach Lake Louise braucht dieser etwa 50 Minuten, nach Sunshine Village 30 Minuten. Der heimische Fahrer des Skibusses kannte uns nach einigen Tagen bereits und erklärte uns auf der Fahrt allerhand über die dortige Natur- und Tierwelt.

Nach schönen Skitagen stand für uns ein Ruhetag auf dem Programm, an dem wir uns die imposanten zugefrorenen Wasserfälle am Johnston Canyon ansahen und das Panorama am Lake Minnewanka genossen. Überall gibt es kurze Trails, die man in ein bis zwei Stunden gehen kann. Am Abend fuhren wir mit der Banff Gondel auf den Sulphur Mountain und genossen von dort das Bergpanorama und den Sonnenuntergang.

Auch in Banff gibt es einige kurze Wanderwege, wie zu den Bow Falls. Dies sind Wasserfälle unmittelbar in Zentrumnähe. Auf dem Weg dorthin sahen wir einige Caribous. Auch die Vermillion Lakes sind einen Abstecher wert, wenn man beispielsweise von der Autobahn nach Banff hineinfährt.

Hier gibt es ebenfalls viele Caribous, die gemütlich auf der Straße spazieren ohne sich um die Autos zu kümmern, die dann gezwungenermaßen warten müssen. Auf dem Bow Valley Parkway auf dem Weg von und nach Lake Louise kann man außerdem viele Tiere beobachten.

Auch Bären werden hier insbesondere im Sommer oft gesichtet. Im April weilten diese aber noch im Winterschlaf. Die Landstraße von Bow Valley hat viele Aussichtspunkte zu bieten und ist definitiv eine Alternative zur Autobahn. Man fährt immer parallel der Bahnstrecke, auf der große, unendlich erscheinende Güterzüge fahren.

Während wir die Caribous total faszinierend fanden und unzählige Fotos schossen, machten sich die Kanadier sicherlich über uns lustig. Für sie ist es schließlich das Normalste der Welt, dass Caribous in ihren Gärten herumspazieren und man beim Autofahren immer auf die Tierwelt achten muss.

An einem Abend besuchten wir die Upper Hot Springs, heißen Quellen unweit der Banff Gondel und konnten dort den Skitag ausklingen lassen. Von hier aus hat man einen schönen Blick auf die umliegenden Berge und kann im heißen Wasser die vom Skifahren müden Muskeln entspannen.

Das Zentrum von Banff besteht aus einer Hauptstraße, an der alle wichtigen Geschäfte angesiedelt sind. Es gibt einen Supermarkt und mehrere Restaurants sowie Souvenirläden. Alles liegt vor der atemberaubenden Bergkulisse im Banff Nationalpark.

Nach den schönen Skitagen und großartigen Eindrücken von der Natur Kanadas ging es schließlich wieder zurück nach Calgary und von dort aus nach Deutschland. Wir sahen uns vor dem Abflug am späten Nachmittag noch den Calgary Tower an und konnten so die gesamte Stadt Calgary überblicken. Außerdem erhielten wir mit dem Audio-Guide, der auch auf Deutsch verfügbar war, viele interessante Informationen. In Calgary findet einmal im Jahr die Stampede statt, die vermutlich größte Rodeoshow der Welt. Ein Riesenevent, bei der die ganze Stadt Kopf steht und mitfeiert. Dank der Informationen und Videos konnte man sich vorstellen, wie groß dieses Fest gefeiert wurde. Der Glasfußboden auf dem Calgary Tower war etwas beängstigend, da man etwa 160 Meter in die Tiefe auf die Straße schaut.

Im April war gerade die Eishockey-Saison der NHL im vollen Gange. Die Calgary Flames waren dabei in die Playoffs gekommen und die ganze Stadt war geschmückt, wie wir es hierzulande nur bei einer Fußball-Weltmeisterschaft kennen. Eishockey ist ohnehin ein sehr beliebter Sport in Kanada. Im kanadischen Fernsehen läuft fast ununterbrochen ein Eishockey-Spiel, welche ich öfter am Abend verfolgte. Sogar auf den Linienbussen in der Stadt stand „Go Flames Go“ geschrieben, wo normalerweise die Busnummer angegeben ist. Eine wirklich Eishockey-verrückte Nation.

Nach einem kurzen Abstecher zum olympischen Platz in Calgary und einem Spaziergang in der Fußgängerzone und in einem Einkaufszentrum, ging es zurück zum Flughafen. Wir flogen mit unserer Skiausrüstung zurück nach Frankfurt, wo mein Vater bereits auf uns wartete. Glücklich, zufrieden und zum Glück ohne irgendwelche Verletzungen haben wir den Traum vom kanadischen Skifahren Wirklichkeit werden lassen. Die Tage in Kanada waren voller Adrenalin durch das stundenlange Skifahren. Zudem haben wir die wunderschöne Natur des Banff Nationalparks erkundet und sind auf dem gefrorenen Lake Louise gewandert. Neben Naturwundern haben wir mit Calgary auch eine Großstadt besichtigt und sind auf den Spuren Olympias gewandelt.

Skifahren in Kanada war sowohl für mich als auch für meine Mutter ein langer Traum, der endlich in Erfüllung gegangen ist. Wieder einer dieser „Irgendwann"-Momente, die man möglicherweise verpasst hätte, wenn man nicht seinen Mut zusammengenommen und einfach die Reise zu seinen Träumen gebucht hätte. Es gibt eben so viel, was gegen die Reise spricht, aber auch so viel, was dafürspricht.

Abbildung 20 Im Winter kann man auf dem gefrorenen Lake Louise spazieren gehen

Zugspitze

Der höchste Berg Deutschlands sollte für jeden hier lebenden Einwohner ein Muss sein. Für diejenigen, die es mit dem Wandern nicht so haben, tut es auch die Seilbahn, die bequem in wenigen Minuten die knapp 2.000 Höhenmeter überwindet. Die Seilbahnbesucher verpassen dabei aber die Schönheit, die unser Land hier zu bieten hat. Nur wer zu Fuß den Weg auf die Zugspitze findet, sieht atemberaubende Wasserfälle, wunderschöne Aussichten und kann sich auf Berghütten verwöhnen lassen.

Auch im Winter hat die Zugspitze mit seinem eigenen Skigebiet eine Menge zu bieten. Anlässlich des 50. Geburtstags meiner Mutter fuhren wir im Februar 2014 nach Garmisch-Partenkirchen. Meine Mutter ist seit Kindesalter begeisterte Skifahrerin. Ein Traum war es deshalb, an ihrem 50. Geburtstag auf Deutschlands höchstem Berg Ski zu fahren. Die ganze Familie war dabei und fuhr natürlich mit.

Mein Vater, der nicht Ski fährt, blieb oben auf der großen Aussichtsplattform der Zugspitze und schaute uns von oben zu. Wir genossen die vielen Abfahrten. Dazu hatten wir eine Menge Glück mit dem Wetter. Ein richtiges Kaiserwetter am Geburtstag meiner Mutter. Wir übernachteten im Olympiahaus direkt an der Skisprungschanze in Garmisch-Partenkirchen, wo jährlich das Neujahrsspringen der Vierschanzentournee stattfindet. Hier nächtigten bereits die größten Skilegenden. Eine einzigartige Erfahrung mit Blick auf die Skisprungschanze zu übernachten.

Den Fußweg auf den höchsten Berg Deutschland habe ich im Sommer 2014 und 2019 genommen, das erste Mal mit meiner Mutter und beim zweiten Mal mit meinem jetzigen Mann.

2014 wurde das Wanderfieber bei mir gerade erst entdeckt und ich wusste noch nicht so recht, ob es nur eine kurze Phase war, oder doch ein ernsthaftes Hobby dahintersteckte. Die Idee auf die Zugspitze zu wandern kam daher auch von meiner Mutter, die schon als Kind viel gewandert ist und diese Leidenschaft an mich weitergeben konnte. Es ging also mit dem Nachtzug aus dem Ruhrpott nach München. Eigentlich eine super Idee, da man optimalerweise gut ausgeruht in Bayern ankommt und direkt loswandern kann. Blöd nur, wenn man direkt am Ende des Abteils sitzt, an dem der Waggon mehrmals umgesetzt wird, da der Zug geteilt und neu umgehängt wird. Trotzdem konnte ich, im Gegensatz zu meiner Mutter, obwohl wir mehrfach gestört wurden gut schlafen und wir kamen am frühen Morgen in München an.

Abbildung 21 Die Zugspitze im Winter

Nun also erstmal Katzenwäsche und ein kleines Frühstück und dann ging es auch schon weiter mit dem geräumigen Regionalzug nach Garmisch-Partenkirchen. Hier begann die Wanderung auf den höchsten Berg Deutschlands. Wir entschieden uns vorher für die Besteigung der Zugspitze über das Reintal, die vermeintlich einfachste und schönste Art und Weise, um zum Gipfelkreuz zu gelangen. Außerdem benötigt man hier keinerlei Kletterfahrung.

Direkt an der imposanten Skisprungschanze vorbei kann man den olympischen Geist der weltberühmten Stadt direkt spüren. Bei meiner zweiten Besteigung 2019 übernachtete ich mit meinem Mann wieder hier im Olympiahaus und genoss den Ausblick auf die Schanze. Vorher hatten wir uns München angesehen und anschließend den Weg nach Garmisch-Partenkirchen gefunden.

Der eigentliche Wanderweg führt nach Passieren der Skisprungschanze schnell in die Natur, vorbei an kleinen Wanderhütten und in Richtung Partnachklamm. Die Klamm ist auch ohne die Besteigung der Zugspitze einen Besuch wert. Man sollte möglichst frühmorgens herkommen, um die Touristenmassen zu vermeiden. Wir hatten die einzigartige Natur fast für uns und zogen schnell unsere Regenjacken an, da man je nach Wasserstand ordentlich nass werden kann.

Der Weg durch die Partnachklamm ist nicht sonderlich lang, aber er lohnt sich allemal, trotz einer kleinen Gebühr. Am Ende der Partnachklamm angekommen folgt man einfach dem Gebirgsfluss weiter. Weiter oberhalb des Flusses sieht man auf der linken Seite einen riesigen Wasserfall. Kai wunderte bei der Besteigung 2019, dass dieser in noch keinem Wanderführer oder Reisebericht stand. Tja, das ist eben wahre Natur und ein echter Geheimtipp.

Ich fühlte mich auf dem nun folgenden Abschnitt etwas verschaukelt, da ich doch die Zugspitze auf 2.962 Metern besteigen wollte, es jedoch oft bergab und nur wenig bergauf ging. Dies änderte sich auch nicht auf der Strecke zur Reintalangerhütte. Diejenigen Wanderer, die die Wanderung über drei Tage angehen, legen hier ihren ersten Übernachtungsstopp ein. Da wir aber ambitioniert waren, ließen wir die Hütte, die idyllisch am Fluss gelegen ist, nach einer kurzen Rast links liegen. Ich war immer noch nicht richtig ausgelastet, trotz wenig Schlaf und immerhin mehrstündiger Wanderung. Aber wann ging es denn endlich mal nach oben? Ich wollte doch Höhenmeter machen und nicht nur über Hügel wandern?!

Und als ob jemand meine Gedanken erraten konnte, ging es von nun an stetig bergauf. Nicht das bergauf, das ich von Touren im Allgäu kenne, sondern wirklich steil bergauf. Über Geröll und Schotter führten die Zick-Zack-Wege stetig nach oben. Zu allem Überfluss wurde das vorher so traumhafte Sommerwetter schlagartig von Nebelwänden abgelöst. Das war aber auch nicht weiter schlimm, da man das Ziel des heutigen Tages, die Knorrhütte, ohnehin erst wenige Minuten vor der Ankunft zu Gesicht bekommt. Endlich auf der kleinen Anhöhe angekommen, hätte man die Knorrhütte nun sehen können. Wenn einem eben der Nebel keinen Strich durch die Rechnung gemacht hätte. Wie schön die Hütte in der Landschaft eingebettet lag, erfuhr ich so erst fünf Jahre später auf der zweiten Tour mit meinem Mann Kai.

Meine Mutter und ich kamen nach dem langen Tag endlich an der Knorrhütte an. Die Hütte liegt auf 2.051 Meter und ist beliebter Zwischenstopp auf dem Weg nach ganz oben. Da wir an einem Wochentag ankamen, konnten wir uns ein Mehrbettzimmer sichern, welches wir nur mit zwei anderen Wanderern teilen mussten. Dieses Glück blieb mir bei der zweiten Tour verwehrt. Hier mussten mein Freund und ich uns mit 20 anderen Wanderern ein großes Zimmer teilen. Schnarcher und wenig Schlaf vorprogrammiert. Da waren wir aber auch am Wochenende unterwegs.

Das Essen auf den Berghütten habe ich schon beim Skifahren schätzen und lieben gelernt. Deftige Hausmannskost nach Familienrezept, genau mein Ding. Nach einem solchen Tag braucht man eben auch etwas größere Portionen. Da meine Mutter und ich ziemlich müde und ausgepowert waren von der unruhigen Nacht in der Bahn und den vielen Eindrücken auf der Wanderung, gingen wir schnell ins Bett. Ich kann mich nicht mehr genau an die Uhrzeit erinnern, aber es war glaube ich vor 19 Uhr. Noch nicht einmal das Sandmännchen hätte ich nach diesem Tag geschafft!

Abgesehen von dem leckeren Essen kann man auf der abgelegenen Hütte auch nicht viel unternehmen. Es gibt keinen Handyempfang, von Fernsehen ganz zu schweigen. So unterhält man sich lieber mit anderen Wanderern, tauscht sich aus oder spielt Gesellschaftsspiele. Mir gefällt es immer sehr gut, wenn man komplett ohne Handyempfang unterwegs ist. Klar, als ich allein in der Welt unterwegs war, hätte man schon gerne einmal eine kurze SMS nach Hause schicken wollen, dass man noch lebt. Oder die wichtigen Fußballergebnisse gecheckt. Aber generell lernt man die Einfachheit und die Natur sehr zu schätzen und besinnt sich auf die wirklich wichtigen Dinge.

„Die besten Momente erlebst du offline“ steht auf einer Karte auf meinem Schreibtisch. Die passt sehr gut, wie ich finde, da ich an den wirklich schönen Orten dieser Erde keinerlei Technik benötige, um glücklich zu sein und einfach den Moment für mich zu genießen. Da ich oft von zuhause arbeite, ist die Karte daher umso bedeutender für mich. Auch nach der Arbeit kann ich am besten „offline“ abschalten, ob beim Spazierengehen oder Fußball spielen. Daher sind die zwangsläufigen „Offline-Tage“ auf meinen Reisen umso bedeutender für mich, um sich auf das Wesentliche zu besinnen. Ich bin zudem ein Liebhaber von Postkarten, die ich von meinen Reisen an Familie und Freunde senden. Auch wenn die Karten oft lange nachdem ich wieder zuhause war, in den Briefkästen meiner Familie zu ankamen, hat es doch einen großen symbolischen Charakter. Die Sammlung der Postkarten wird bei meiner Familie auf jeden Fall noch weiter wachsen.

Am nächsten Morgen wird man durch die Frühaufsteher der Wanderer auf der Knorrhütte geweckt. Man hört hier fast jedes Wort. Aber auch ganz gut so, denn wir wollten ja heute den höchsten Gipfel Deutschlands in Angriff nehmen! Also rasch die Katzenwäsche erledigt (das Wasser ist hier insbesondere im Sommer rar) und ein kleines stärkendes Frühstück eingenommen. Dann ging es auch schon los. Bei meiner ersten Tour hatten wir Pech mit dem Wetter und ich konnte kaum die Hand vor Augen sehen. Teilweise auch gut so, denn dann sah ich nicht, wie steil es bergauf ging.

Beim zweiten Mal 2019 gab es als Entschädigung für die erste Tour strahlenden Sonnenschein. Dafür mussten wir aber auch durch meterhohen Schnee laufen, der etwa drei Wochen vor unserer Tour noch gefallen war. Zum Glück war der Weg schon von vorherigen Wanderern gut ausgetreten. Trotzdem rutschten wir manchmal etwas weg und landeten im Schnee. Und das mitten im Juli! Nach einigen Stunden kamen wir am Schneefernerhaus an. Hier fühlt man sich ziemlich veräppelt, da die Gondel minütlich hunderte Touristen herbringt und man sich als Wanderer zwischen den „Normalen" ziemlich komisch vorkommt.

Noch war der Gipfel aber nicht geschafft. Nun folgt der Teil, der seit meinem letzten Trip mit meinem Mann Kai nur noch das „miese Stück" genannt wird. Über loses Geröll folgt eine echte Herausforderung. Setzte man einen Schritt nach oben, rutschte man gefühlt wieder drei zurück. Zu allem Überfluss sah ich bei meinem ersten Gipfelsturm durch den Nebel nichts und konnte dementsprechend auch nicht absehen, wann die Tortur vorbei sei.

Beim zweiten Anlauf stimmte das Wetter zwar, aber durch alte Schneefelder bestand die Gefahr abzurutschen. Vorsichtig gingen wir über die Schneefelder, auch wenn ich manchmal etwas Überzeugungsarbeit für Kai leisten musste. Nach dem Geröllstück wurde es wieder etwas felsiger und angenehmer. Nun folgte der für mich interessanteste Abschnitt der Wanderung. Mit Seilen gesichert wandert man über große Felsen weiter nach oben, bis man schließlich auf einem Grat ankommt.

Hier benötigt man Schwindelfreiheit. Mit einer grandiosen Aussicht auf die beiden Seiten der Zugspitze, auf der einen Seite der Eibsee und auf der anderen Seite das

Schneefernerhaus, erklimmt man die letzten Schritte bis zur imposanten Aussichtsplattform.

Nach den letzten Stufen ist man wieder in der Zivilisation angekommen. Entkräftet und verschwitzt zwischen all den herausgeputzten Touristen fühlte ich mich etwas fehl am Platz. Die Aussichtsplattform und die neue Seilbahn, die noch mehr Touristen auf den höchsten Berg Deutschlands bringen, sind zwar schön und gut. Für mich jedoch ist alles etwas zu groß geworden und der Kommerz hat wieder einmal über die Natur gesiegt.

Nach einer kurzen Pause kann man dann die letzten Meter auf den eigentlichen Gipfel erklimmen. Auch hier bringen sich leider einige Touristen, die über keinerlei Wandererfahrung oder Ausrüstung verfügen, selbst in Gefahr und besteigen die kurze Treppe bis zum Gipfel, teilweise in Flip-Flops. Als echte Wanderer, die den ganzen Weg von Garmisch-Partenkirchen bis zum Gipfel geschafft haben, fühlt man sich daher etwas fremd. Die „faulen" Touristen sind mit der Bahn nach oben gefahren, während wir die knapp 2.200 Höhenmeter allein mit unserer Muskelkraft nach oben gewandert waren.

Dennoch gingen wir die letzten Meter an den Seilen entlang bis zum Gipfelkreuz und posierten für ein Foto. Als Deutsche in einer Wanderausrüstung wird man hier auch schon einmal zum beliebten Fotomotiv. So posierten meine Mutter und ich mit einer asiatischen Familie bei meiner ersten Zugspitztour vor dem Gipfelkreuz. Die Touristen schossen Foto um Foto, obwohl die Aussicht wirklich nicht gut war und man kaum die Hand vor Augen sah. An welchen Wänden wir nun auf der anderen Seite der Welt mit diesem Schnappschuss vom Gipfelkreuz der Zugspitze hängen, möchte ich gar nicht wissen. Auf jeden Fall eine Geschichte, die ich nie vergessen werde. Auf dem Weg zurück ins Tal nahmen wir die Seilbahn. Ich mag Leute, die noch nie in den Bergen waren und möglicherweise noch nie Gondel gefahren sind. Einige asiatische Touristen waren mit uns in der Bahn und schrien bei jeder Stütze der Seilbahn, als wäre man auf einer Achterbahn. Das war zwar lustig, aber doch etwas suspekt. Andere Kulturen, andere Sitten eben.

Die Wanderungen auf die Zugspitze sind definitiv eine Reise in den Süden Deutschlands wert. Die Tour durch das Reintal ist dabei die einfachste Möglichkeit, um den Gipfel der Zugspitze zu erreichen. Über ständig wechselnde Landschaften wird es auf der Wanderung nie langweilig.

Abbildung 22 Schnee im Juli auf dem höchsten Berg Deutschlands

Südamerika: Argentinien – Chile - Brasilien

Das Wunderbare am Reisen ist, dass man immer mit weiteren Reisenden in Kontakt kommt und durch zahlreiche Gespräche neue Reiseziele festgelegt werden können.

Südamerika stand schon lange auf meiner Liste und der Wunsch dorthin zu reisen wurde durch andere Reiseberichte noch stärker. Aber da Südamerika groß ist, musste ich mich entscheiden. Ich wählte daher für mich Buenos Aires, Patagonien, Iguazu und Rio de Janeiro und das innerhalb von knapp drei Wochen. Ende Oktober 2019 ging es erst einmal nach Buenos Aires. Am Tag arbeitete ich noch ganz normal in meinem Büro in Düsseldorf, ehe ich am späten Abend den Flug vom Düsseldorfer Flughafen nach Buenos Aires nahm. Wie gesagt, die Urlaubstage müssen wohl überlegt sein. Über Madrid flog ich also über 12 Stunden zum für mich allerersten Mal nach Südamerika.

In Buenos Aires freute ich mich schon am Flughafen über ein warmes Klima im Vergleich zum herbstlichen Deutschland. Nach einer sehr langen Warteschlange an der Passkontrolle mit über zwei Stunden Wartezeit, ging es schließlich zum Hotel mitten in Buenos Aires. Zum Glück hatte mein Transferfahrer so lange gewartet. In der Hauptstadt Argentiniens dachte ich zuerst, dass es sehr wenige bekannte Sehenswürdigkeiten gäbe. Weit gefehlt!

Im Vorfeld hatte ich bereits gelesen, dass die verschiedenen Viertel sehr durch die europäischen Einwanderer geprägt sind. Das stellte ich nach meiner Ankunft auch schnell fest und wusste den Charme der einzelnen

Viertel sehr zu schätzen. Läuft man nur ein paar Straßen weiter, taucht man schon wieder in eine vollkommen andere Welt ein.

Das berühmteste Viertel in Buenos Aires ist sicherlich La Boca im Osten Buenos Aires und direkt an einer Flusseinmündung gelegen. Daher stammt auch der Name, da „Boca" spanisch für „Mündung" steht.

Doch wie kam das Viertel La Boca zu seinem ganz speziellen Charme und der Popularität? Ende des 19. Jahrhunderts entstand das Viertel durch italienische Einwanderer, die hier heimisch wurden. Sie errichteten die berühmten farbenfrohen Häuser, die teilweise mit Blechen von Schiffswracks gebaut wurden. Da die Schiffe oft unterschiedliche und sehr kräftige Farben aufwiesen, entstand ein kunterbuntes Viertel, in dem kein Haus dem anderen gleicht und bis heute Bestand hat. La Boca ist Heimat der berühmten Boca Juniors. Für Fußballbegeisterte ist es ein Highlight, einmal das Stadion zu besuchen.

Geht man die Hauptstraße La Bocas weiter in Richtung des riesigen Stadions der Boca Juniors, entdeckt man in den Seitengassen bei genauerem Hinsehen auch die unschönen Ecken. Das Viertel La Boca ist mit seiner hohen Bevölkerungsdichte genauso Zuhause für zahlreiche Junkies und Obdachlose. Gerade diese Ecken sind für mich auf Reisen die unbefleckte Wahrheit hinter dem perfekten Touristenschein.

Hier fühlte ich mich zwar etwas beobachtet, empfand es aber nicht als gefährlich. In den Seitenstraßen leben die Einheimischen wirklich und man kann die Kinder auf den kleinen Betonplätzen beobachten, wie sie mit leeren Getränkedosen Fußball spielen. Sie wandeln auf den Pfaden des Nationalhelden Diego Armando Maradona, der genau hier im Viertel La Boca einst für Furore sorgte und durch zahlreiche Statuen immer noch präsent ist.

Das Stadion der Boca Juniors wird aufgrund seines Aussehens „La Bombonera“ genannt und bedeutet so viel wie „Pralinenschachtel“. Das farbenfrohe Erscheinen des Viertels La Boca macht auch vor dem Stadion keinen Halt. Es ist in den Vereinsfarben blau und gelb gestrichen. Diese Farben verdankt der Club einem schwedischen Schiff, welches im Moment der Vereinsgründung 1905 zufällig vorbeifuhr. Die hauptsächlich italienischen Einwanderer, die den Fußballverein gründeten, gaben der Mannschaft somit die bis heute berühmten blau-gelben Farben.

Das Viertel La Boca ist ebenso berühmt für den Tango. Der argentinische Tanz, der in die DNA der Bevölkerung eingegangen zu sein scheint, ist hier mehr als präsent. Das Hafenviertel galt lange als Zentrum des Tangos, obwohl dieser anfangs als verrucht galt und nur in Bordellen getanzt wurde. Erst später entwickelte sich daraus der ganze Stolz der Argentinier und ist seitdem nicht mehr wegzudenken. Noch heute wird am Straßenrand der Tango zelebriert.

In La Boca kann man bequem zu Fuß durch die Straßen spazieren und sieht so auch die kleinen Gassen, die einem sonst verborgen bleiben. Eine Walking Tour durch das Viertel ist somit sehr zu empfehlen, da es recht klein ist und nicht alle Gassen mit Autos oder Bussen befahrbar sind. Verlaufen kann man sich kaum, da die Straßen schachbrettartig angelegt sind.

Für jedes der 48 Viertel in Buenos Aires könnte man sicherlich einen Urlaubstag einplanen. Für mich persönlich war die Tour durch das Viertel La Boca aufgrund seiner eigenen künstlerischen Identität und dem imposanten Fußballstadion ein Highlight während meiner Südamerikareise und definitiv einen Besuch wert.

Aber auch ältere Gebäude in der Downtown oder alte Märkte machen Buenos Aires zu etwas Besonderem. Für mich ist Buenos Aires nicht die typische Großstadt, sondern eher viele kleine unterschiedliche Städte, die zusammen die einzigartige Großstadt ergeben.

Die Universität von Buenos Aires ist in einem schönen alten Gebäude untergebracht und liegt neben einer großen Kunstform in Form einer Blume, die sich bei Sonneneinstrahlung öffnet und abends wieder schließt. Bei einer kleinen Stadtrundfahrt kann man die verschiedenen Stadtteile besuchen und bekommt einen Einblick in die tangogeprägte Lebenskultur der Argentinier.

Geld abheben ist in Buenos Aires so seine Sache. Zwar hat sich die Wirtschaft mittlerweile wieder etwas erholt, aber trotzdem ist die Suche nach einer Bank, die tatsächlich Geld aus dem Automaten holt, sehr schwierig. Da dies mein erster Stopp in Südamerika war, musste ich aber irgendwie an Geld kommen und so musste ich mehrere Banken besuchen, bis ich endlich ein paar argentinische Peso in der Tasche hatte. Zum Glück wurde meine Kreditkarte in der Zwischenzeit nicht wieder gesperrt.

Nach einem Tag in Buenos Aires flog ich weiter nach Patagonien, genauer gesagt nach El Calafate. Schon aus dem Flugzeugfenster konnte ich die unendliche Weite und die Berge bestaunen und freute mich auf einige Tage in dieser wunderbaren Landschaft. Nach der Ankunft am Flughafen von El Calafate sollte mich eigentlich ein Fahrer zum Hotel bringen. Ich fragte überall herum, aber kein Fahrer war für mich zugeteilt. Na super, dachte ich mir. Kaum den ersten Inlandsflug hinter dir und schon läuft nicht alles nach Plan. Auf Englisch fragte ich die Einheimischen, die jedoch kaum Englisch verstanden. Letztlich verstand doch jemand meinen Hotelnamen und rief kurzerhand dort an. Er machte mir verständlich, dass ich einfach in ein Taxi einsteigen soll, das mich zum Hotel bringt. Bezahlen brauche ich dann nicht. Okay, etwas ungewöhnlich, dachte ich mir, aber probieren wir es.

Ich stieg in das erstbeste Taxi ein und ließ mich zum Hotel fahren. Auch der Taxifahrer konnte keinerlei Englisch, sodass die Kommunikation auf der Fahrt mehr aus Zeichenbewegungen bestand. Am Hotel angekommen klärte die Frau an der Rezeption glücklicherweise alles und so war ich endlich angekommen in El Calafate und wurde nicht doch gekidnappt. Einfach so allein in ein Taxi einzusteigen war mir bisher auch fremd, aber man muss den Menschen eben manchmal einfach nur vertrauen, dann wird (meist) alles gut.

El Calafate hat etwa 17.000 Einwohner und ist trotz seiner geringen Größe ein touristisches Zentrum für alle Patagonienreisende. Hier starten Touren zu den wichtigsten Sehenswürdigkeiten und Nationalparks. Vom Flughafen sind es etwa 15 Minuten zur kleinen Stadt in den Südanden. Hier wurde mir direkt bewusst, dass das Klima etwas anders ist, als man es beispielsweise aus den Bergregionen in Deutschland gewohnt ist. Der Wind fegte mir durch die Haare und seit Tag Eins in Patagonien war die Mütze mein engster Begleiter.

In El Calafate gibt es im Prinzip nur eine Hauptstraße, auf der die wichtigsten Geschäfte angesiedelt sind. Neben zahlreichen Souvenirläden und Tourenveranstaltern gibt es auch einige Schokoladengeschäfte, die den vielen Schweizer Einwanderern geschuldet sind. El Calafate wächst rasant. Erst in den 1940er-Jahren begann mit der Eröffnung des Nationalparks Los Glaciares der Aufschwung der kleinen Stadt mitten im Nirgendwo. Dann strömten immer mehr Touristen in die Stadt, die stetig wuchs und sich in den nächsten Jahren weiter ausdehnen wird.

Nach meiner Ankunft am Mittag machte ich erst einmal einen kleinen Spaziergang durch die Stadt und konnte zum ersten Mal die patagonische Lebenskultur erleben. Warm eingepackt sah ich im Vergleich zu den Einheimischen, die sich bereits an das spezielle Klima gewöhnt und damit arrangiert haben, vielleicht etwas komisch aus.

Als Geheimtipp in El Calafate gilt der Naturpark „Laguna Nimez“, der etwas außerhalb der Stadt direkt am Lago Argentino liegt. Der Lago Argentino ist der größte See Argentiniens. Er hat eine unglaublich intensive und fast schon unnatürliche blaue Farbe und wird von den umliegenden Gletschern gespeist. Von El Calafate aus ist es ein halbstündiger Spaziergang zum Naturpark „Laguna Nimez“. Schon auf den ersten Metern des Rundwegs musste ich direkt meine Kamera herausholen, um die unzähligen Vögel zu fotografieren, die hier ein Zuhause gefunden haben. Über einhundert verschiedene Arten an Vögeln leben hier. Neben Schwänen und Bussarden sind hier auch chilenische Flamingos zuhause, die es sich in dem kleinen, flachen See gemütlich gemacht haben. Durch die geschützte Lage des Naturparks und der direkten Nähe zum Lago Argentino kann man hier die verschiedenen Tiere in ihrer natürlichen Umgebung sehen. Ebenso interessant sind die Pflanzen, die hier wachsen und in dem sogar deutschsprachigen Prospekt des Naturparks erklärt werden, ein echt super Service.

Der Besuch des Naturparks Laguna Nimez eignet sich hervorragend als Halbtagesausflug. Ich war bereits am ersten Tag nach meiner Ankunft in Patagonien begeistert von der Artenvielfalt der Tiere und der Natur. Weitere Ausflugsziele sind in der Stadt El Calafate rar. Einzig das „Glaciarium“ etwas außerhalb der Stadt soll recht sehenswert sein, um die Geschichte der Gletscher auf interaktive Art zu erleben. Aufgrund von Zeitmangel und da ich einen Gletscher am nächsten Tag ohnehin besuchen würde, entschied ich mich aber gegen einen Besuch.

Die Zeit in Patagonien sollte gut aufgeteilt sein. So sind die Distanzen der einzelnen kleinen Städte und Nationalparks recht groß und die Verkehrsinfrastruktur noch ausbaufähig. Zwar existieren mittlerweile kleine Flughäfen, die meisten Backpacker nutzen aber die einheimischen Busse, mit denen man bequem und recht zuverlässig von A nach B kommt. In El Calafate gibt es einen kleinen Busbahnhof, der auf einem Berg etwa einen Kilometer von der Hauptstraße entfernt liegt. Von hier fahren ein- bis zweimal täglich Busse in das fünf Stunden entfernte Puerto Natales oder El Chalten. Wichtig: Man sollte hier vorher bereits seine Tickets buchen, da man ansonsten unter Umständen keinen Platz mehr bekommt. Zudem akzeptierten die Beamten am Busbahnhof nur ausgedruckte Tickets und keine Tickets auf dem Smartphone. Den Reisepass sollte man für Grenzübergänge immer bereithalten.

El Calafate ist aufgrund seiner Lage zu diversen Nationalparks und als Ausgangspunkt für Weiterfahrten nach Puerto Natales oder El Chalten ein wichtiger Dreh- und Angelpunkt in Patagonien und für Touristen auch aufgrund des Naturparks und des einzigartigen Sees definitiv eine Reise wert.

Im Los Glaciares Nationalpark und direkt an der kleinen Stadt El Calafate liegt der Lago Argentino. Dreimal so groß wie der Bodensee und über 15.000 Jahre alt ist der See, der von mehreren Gletschern gespeist wird. Von dem berühmten Perito Moreno Gletscher brechen täglich riesige Eisbrocken in den See ab. In manchen Jahren wird der See gar durch den riesigen Gletscher gespalten.

Der Lago Argentino ist aber nicht nur durch seine Größe atemberaubend, sondern auch durch seine einzigartige Farbe. Nahe des Perito Moreno Gletschers erscheint der See noch in einem graublau und lässt das helle Eis des Gletschers erstrahlen. Weiter östlich direkt in El Calafate wechselt die Farbe des Sees dann in ein unnatürlich wirkendes Blau. Die Farbe des Gletschersees entsteht durch Vergletscherungsprozesse und wird immer noch erforscht.

Die verschiedenen Gletscher ändern die Farbe des Sees dadurch, dass sie das „Gesteinsmehl" produzieren. Die Eisblöcke graben durch das ständige Bewegen des Gletschers den Boden unterhalb des Gletschers aus und lassen das „Gesteinsmehl" in den See. Dadurch verändert sich die Farbe des Sees und er erscheint in einem hellen Blauton.

Neben einer Besichtigung des Perito Moreno Gletschers, bei dem man mit dem Boot über den Lago Argentino fährt, kann man den See auch an zahlreichen Aussichtspunkten entlang El Calafate bestaunen. Von der Hauptstraße kann man sogar zu Fuß an den See spazieren und so einen schönen Abendspaziergang mit super Aussicht genießen. Zwar windig, aber wunderschön erstrahlt der See in seiner vollen Pracht. Auch von Nationalpark Laguna Nimez und vom Aussichtspunkt Mirado de la Ciudad in El Calafate hat man einen super Blick auf den Lago Argentino.

Ich musste auf dem Weg nur etwas Acht geben auf die streunenden Hunde, die mir den ganzen Weg hinterhergelaufen sind. Ich habe zwar keine Angst vor Hunden und mag Tiere sehr, doch allein am anderen Ende der Welt von sechs großen Hunden verfolgt zu werden, ist schon etwas beängstigend.

Am nächsten Tag ging es dann für mich zum Perito Moreno Gletscher im Nationalpark Los Glaciares. Der Nationalpark liegt im argentinischen Teil Patagoniens und ist Weltnaturerbe. Neben dem Perito Moreno Gletscher beheimatet er auch den großen Upsala-Gletscher und über 200 weitere kleinere Gletscher. Außerdem liegt der Lago Argentino teilweise innerhalb des Nationalparks. Hier wollte ich unbedingt eine Gletscherwanderung machen.

Beim Eingang zum Nationalpark bekommt man eine detaillierte Karte, die die Wanderwege und die wichtigsten Sehenswürdigkeiten aufzeigt. Hierdurch bekommt man schnell einen Überblick und sieht, dass der Nationalpark Los Glaciares riesig ist und man unmöglich in nur wenigen Tagen alles sehen kann.

Neben den Wanderungen und den Beschreibungen der Gletscher bekommt man auch eine Übersicht über die dortige Flora und Flaura. So kann man unzählige Guanakos am Wegesrand beobachten und schöne Fotos der niedlichen Tiere machen. Die Guanakos gehören zur Familie der

Kamele und leben vor allem im südlichen Südamerika. Sie haben große Ähnlichkeit mit den bekannten Lamas oder Alpakas und sehen super flauschig aus.

Der Perito Moreno Gletscher, der nach einem argentinischen Geographen benannt wurde, wächst im Gegensatz zu den meisten anderen Gletschern auf dieser Welt noch. In unregelmäßigen Abständen stößt der Gletscher sogar an die am Gletschersee gegenüberliegende Halbinsel und teilt den See in zwei Teile. Dies war auch der Fall, als ich den Gletscher besuchte, ein echtes Naturschauspiel!

Im Nationalpark Los Glaciares angekommen, sah man nach einigen Serpentinenstraßen zum ersten Mal den imposanten Gletscher. Wow, was für eine Größe. Der Gletscher kommt aus dem Nichts plötzlich zwischen den Bäumen hervor und endet im Lago Argentino.

Am See angekommen, fuhren wir mit einem kleinen Boot bis ganz nah an den Gletscher heran und wurden anschließend am Steg herausgelassen. Von dort aus ging es dann zu Fuß Richtung Gletscher. Ausgestattet mit Helmen, Steigeisen und Handschuhen machten wir uns auf, um das ewige Eis aus nächster Nähe zu bewundern. Ich war an diesem Tag mit einer kleinen Reisegruppe unterwegs, die bunt gemischt war und alle ein Ziel hatten: Die Gletscherwanderung auf dem Perito Moreno Gletscher.

Auf dem Gletscher läuft es sich wie auf Crushed Ice, so ungefähr kann man sich das vorstellen. Zunächst war es etwas ungewohnt, mit den Steigeisen fest in das Eis zu treten, aber mit der Zeit gewöhnte man sich daran. Beim Bergablaufen muss man sich nach hinten lehnen, um nicht zu fallen und beim Bergauflaufen sollte man die Füße immer etwas schräg stellen, um nicht nach hinten umzufallen.

Außerdem muss man darauf achten, dass man sich nicht versehentlich selbst mit den Steigeisen tritt und dadurch den Halt verliert oder sich verletzt. „Bergsteigen light" auf diesem besonderen Gletscher.

Nach einer zweistündigen Wanderung auf dem Gletscher, bei der man die Stille und die wunderschönen Eisformationen und Gletscherspalten betrachten konnte, ging es dann wieder zurück zum Boot. Aber nicht ohne einmal echtes Gletscherwasser zu kosten, welches zwar kalt, aber auch ungeheuer lecker war. Eine Erfahrung, die ich nur jedem einmal empfehlen kann.

Abbildung 23 Das Gletschertrekking auf dem Perito Moreno Gletscher ist eine einmalige Erfahrung

Anschließend fuhren wir noch zu einem Aussichtspunkt, bei dem man den Gletscher noch einmal von weiter oben und in seiner vollen Pracht bewundern konnte. Hier wurde mir bewusst, wie groß der Gletscher doch war und wie klein wir Menschen im Vergleich sind. Ich war tatsächlich hier, an diesem Naturwunder.

Am nächsten Tag fuhr ich mit dem Linienbus weiter nach Puerto Natales und überquerte den Grenzübergang nach Chile. Puerto Natales ist eine kleine Stadt direkt am Fjoerd, die für Touren in die nahe gelegenen Nationalparks super geeignet ist.

An dieser Kleinstadt kommt kaum ein Patagonienreisender vorbei. Die chilenische Stadt mit etwa 20.000 Einwohnern zählt zu einem wichtigen Ausgangspunkt für Trekkingtouren und verfügt über eine gute Infrastruktur, perfekt also auch für einen kurzen Zwischenstopp. Von El Calafate in Argentinien fährt man mit dem Linienbus etwa fünf Stunden bis zu der chilenischen Stadt Puerto Natales, die zwar klein ist, aber einiges zu bieten hat.

Neben Tagestouren zum Torres del Paine Nationalpark, bei der das Wetter definitiv mitspielen muss, kann man auch in und um Puerto Natales Einiges erleben. Im historischen Museum, das zentral gelegen ist, kann man beispielsweise dem oft windigen Regenwetter entfliehen und erfährt allerhand über das Leben der einstigen Ureinwohner. Bei schönem Wetter kann man eine der vielen Estancias (Ranches) besuchen und Reiten oder einfach nur gut essen und das chilenische Flair genießen.

Puerto Natales wurde erst 1911 gegründet und liegt direkt am Wasser. Ich kann einen Spaziergang entlang der Promenade abends oder am Ankunftstag sehr empfehlen. Hier entdeckt man viele Gletscher auf der anderen Seite des Ufers und kann schöne Fotos auf einem kleinen Steg machen. Am Ende der Promenade befindet sich eine kleine Touristeninfo, die die Reisenden mit guten Landkarten und einem Ortsplan ausstattet. Die Statuen am Wegrand runden das wunderschöne Panorama von Puerto Natales ab.

In der Innenstadt, zu der man über steile Straßen gelangt, befinden sich einige Supermärkte und Outdoorgeschäfte, bei denen man alles erhält, sollte man doch mal etwas vergessen haben. Alles ist fußläufig gut erreichbar, von daher braucht man hier nicht zwingend ein Auto. Außerdem gibt es viele Restaurants und kleine Bars, in denen man seine Erlebnisse mit anderen Reisenden austauschen kann. In der Nähe des Busbahnhofs und oberhalb von Puerto Natales gibt es zwei Aussichtspunkte, an denen man wunderbar auf den Fjord und die Stadt blicken kann. Auch hier kann es sehr windig werden. Durch die Nähe zum Wasser liegt die Stadt in der Tsunami-Risikozone. Daher haben auch die steilen Straßen seinen Sinn, da man hier den Tsunamis entkommen kann.

Das Klima in Puerto Natales ändert sich nicht wirklich während des Jahres, es ist oft rau und sehr windig, wie ich am eigenen Leib erfahren konnte. Ein Regenschirm hilft da wenig, daher war meine regen- und winddichte Jacke Gold wert. Die beste Reisezeit für Touren nach Patagonien ist im chilenischen Sommer, also von November bis März. Dann finden auch die meisten Wandertouren statt. Hier ist es zwar trotzdem nicht so warm, aber wenigstens fällt dann etwas weniger Regen.

Etwa 25 Kilometer außerhalb der Stadt befindet sich die Höhle Cueva del Milodón. Hier lohnt sich ein Zwischenstopp, wenn man beispielsweise Richtung Torres del Paine Nationalpark fährt. Die riesige Höhle wurde 1895 von einem deutschen Abenteurer entdeckt und nach dem Riesenfaultier „Mylodon“ benannt, wirklich beeindruckend.

Viele kleine und große Tiere fanden hier einen sicheren Unterschlupf vor dem eisigen Wind.

Am nächsten Tag stand für mich eine ganztägige Exkursion in den Nationalpark Torres del Paine an. Berühmt ist dieser Nationalpark durch die drei Felstürme geworden, die wie Fingerspitzen in den Himmel ragen. Sie sind bis zu 2.850 Meter hoch in den Himmel. Oft sind die Türme aufgrund des wechselhaften Wetters aber durch Wolken verdeckt, sodass man diese nicht oft zu Gesicht bekommt.

Um diese in seiner ganzen Schönheit sehen zu können, muss man jedoch eine neunstündige Wanderung auf sich nehmen oder den Aussichtspunkt „Mirador las Torres“ auf seiner mehrtägigen Trekkingroute einplanen. Außerdem muss das Wetter mitspielen. Das Wetter hat speziell im Nationalpark Torres del Paine ohnehin seine eigenen Gesetze hat.

Von Puerto Natales finden viele Touren zum Nationalpark Torres del Paine statt. Von hier aus fährt man etwa eine Stunde bis zum Eingang des Nationalparks. Augen auf während der Fahrt, da hier viele Guanakos zu beobachten sind.

Kurz nach Ankunft sieht man die Berge, die aus dem Nichts auf einmal auftauchen. Zunächst kann man zum Grey Gletscher fahren, der ähnlich groß ist wie der Perito Moreno Gletscher und direkt vor der Bergkulisse liegt. Hier bietet sich eine kleine Wanderung an und man kann die Eisblöcke bestaunen, die hellblau im See herumschwimmen. Wirklich einzigartig. Nach einem super windigen Rückweg, bei dem man sich teilweise mit seinem ganzen Gewicht gegen den Wind stemmen musste, um nicht umzufallen, ging es schließlich weiter zu einem wunderschönen Aussichtspunkt mit Blick auf das Bergmassiv.

Nach einer Pause direkt am Wasser, bei der man den Blick gar nicht von den Bergen abwenden konnte, ging es weiter zu einigen anderen Aussichtspunkten, bei denen die Berge jedes Mal etwas anders aussahen. Zum Abschluss fuhren wir aus dem Park heraus und zu einem Aussichtspunkt mit einem großen Wasserfall im Vordergrund, dem „Cascada del Rio Paine“.

Ein unscheinbarer Weg führt zu dem heimlichen Highlight im Nationalpark Torres del Paine. Im Vordergrund liegt der imposante Wasserfall, im Hintergrund das Bergmassiv mit seinen drei Türmen. Ohne unseren Guide hätte ich diesen Aussichtspunkt garantiert nicht gefunden.

Es lohnt sich, für den Nationalpark ein paar Tage einzuplanen, da die Touren wetterbedingt stattfinden und es oft vorkommt, dass eine Tour kurzfristig abgesagt werden muss. Also muss man hier auf alles vorbereitet sein, um die Natur mit den wunderschönen Bergen und den farbenfrohen Seen bewundern zu können. Wir hatten Glück und konnten die Türme von diversen Aussichtspunkten auf unserer Tour sehen.

Am folgenden Tag sollte eigentlich eine große Trekkingtour zu den drei Türmen anstehen, zu dem berühmten Aussichtspunkt Mirador las Torres.

Das Wetter in Patagonien hat seine eigenen Gesetze. Man kann bei strahlendem Sonnenschein die etwa zehnstündige Wanderung zum Mirador las Torres beginnen und nach nur einer halben Stunde steht man in einer Nebelwand. Unternimmt man diese Wandertour, braucht man eine ganze

Menge Glück, um die Türme am Ende auch bestaunen zu können.

Ihr ahnt schon, mir ist dieses Naturschauspiel am Mirador las Torres leider verborgen geblieben. Noch. Denn die Natur im Nationalpark und generell in Patagonien hat mich so beeindruckt, dass ich mit Sicherheit noch einmal wiederkommen werde. Wohl dem, der in seiner Urlaubsplanung ein paar Puffertage eingeplant hat und bei einer Tourabsage die Wandertour zum Mirador las Torres einfach verschieben kann. Da ich am nächsten Tag direkt weiterreiste, musste ich wohl oder übel diese Erfahrung machen.

Zunächst lief alles nach Plan. Aus meinem Hostel in Puerto Natales holte man mich um 5.30 Uhr in der Früh für diese Wandertour ab. Natürlich kann man die Tour auch auf eigene Faust unternehmen. Da ich aber allein reiste und gerne andere Reisende kennenlerne, war die geführte Wandertour für mich die beste Option. Auf der etwa einstündigen Fahrt zum Nationalpark sah ich leider vor lauter Nebel kaum etwas von der Natur Patagoniens.

Nun gut, kann ja nur besser werden, dachte ich mir. Am Eingang warteten bereits allerhand andere Wanderfreudige. Das Wetter besserte sich leider nicht und so warteten alle sprichwörtlich auf besseres Wetter.

Leider hatte auch unser Guide nach einiger Zeit keine guten Nachrichten für uns. Wir hätten die Möglichkeit die Wanderung zum Berg anzutreten, aus seiner Sicht machte es aber keinen wirklichen Sinn und war ohnehin etwas gefährlich bei dem Nebel und Regen. Laut der Wetterprognose wurde es den Tag auch nicht besser, was für Patagonien schon etwas hieß!

Der Guide überließ uns die Entscheidung, ob wir es wagen sollten oder die Tour zum Mirador las Torres abbrechen sollten. Wir entschieden uns letztendlich gemeinsam für einen Abbruch. Es hatte schließlich keinen Sinn, im Nebel zu Wandern und womöglich auf den nassen Felsen noch auszurutschen. Der Wettergott war dieses Mal nicht auf meiner Seite. Nichtsdestotrotz möchte ich diese Wanderung zum Mirador las Torres noch einmal angehen, dann hoffentlich mit besserem Wetter und ein oder zwei Puffertagen für ein besseres Wetterfenster.

Der Ausblick auf die drei Türme soll vom Aussichtspunkt jedenfalls super sein. Hier steht man inmitten von Felsen oberhalb eines kleinen, unfassbar hellblauen, Bergsees. Auf der anderen Seite des Sees ragen die drei Türme wie Turmspitzen in den Himmel. Der Hin- und Rückweg auf der Wandertour zum Mirador las Torres ist der gleiche. Da es in den Bergregionen oft schneit, sollte man entsprechend ausgerüstet sein. Bei einer geführten Bergtour werden Steigeisen und Trekkingstöcke verliehen. Wer die Tour allein angeht, kann sich das fehlende Equipment in Puerto Natales leihen. Man sollte zudem eine Menge Proviant dabeihaben, da es auf dem Weg nur wenige Einkehrmöglichkeiten gibt, die dementsprechend teuer sind.

Schade, dass ich diese Tour nicht angehen konnte, aber es war nicht zu ändern und so verbrachte ich den Tag in Puerto Natales. Am Nachmittag schaute ich im Hostel das Champions-League-Spiel des BVB auf meinem Handy. Trotz schlechtem Internetempfang und spanischem Kommentator fieberte ich auch am anderen Ende der Welt mit.

Abends bereitete mich auf die Fahrt nach Punta Arenas vor und packte meinen Rucksack. Dorthin fuhr ich nämlich am nächsten Tag und die dreistündige Fahrt mit dem Linienbus weiter Richtung Süden verging wie im Fluge. Punta Arenas ist eine größere Stadt direkt am Meer, von wo aus die großen Antarktisschiffe abfahren.

Nimmt man sich etwas Zeit, so lernt man die Stadt etwas besser kennen und entdeckt viele Besonderheiten und einzigartige Sehenswürdigkeiten. In Punta Arenas angekommen bekommt man den Eindruck einer verschlafenen Großstadt inmitten atemberaubender Natur. Hier leben etwa 124.000 Menschen, was die Stadt zur südlichsten Großstadt der Welt macht. Wobei man dieses Großstadtflair gar nicht richtig wahrnimmt, da es kaum Hochhäuser gibt und die Stadt sehr weitläufig ist. Punta Arenas ist geprägt von vielen Einwanderern, auch aus Europa, die der Stadt ihrem Flair verleihen.

Zugegeben, das Wetter ist meist grau und es weht ein kräftiger Wind, der das Meer aufpeitscht und einen Spaziergang an der Promenade nicht gerade angenehm macht. Viele Sehenswürdigkeiten in Punta Arenas kann man trotzdem bequem zu Fuß erkunden. Auf dem Plaza de Armas steht im Herzen der Stadt das Magellan-Denkmal. Hier steht eine große Statue von Ferdinand Magellan, der 1519 die heutige Magellanstraße entdeckte, an der auch Punta Arenas liegt. Laut einer Legende soll man die Zehen der Statue berühren, um Glück zu haben und später nach Punta Arenas zurückzukehren. Zu dem 500-jährigen Bestehen der Magellanstraße steht an der Promenade eine große Tafel mit Informationen zu ihrer Entdeckung.

Rund um diesen kleinen Park stehen zahlreiche Häuser aus der Gründerzeit mit ihren prachtvollen Bauten und aufwendigen Verzierungen. Eines davon ist der Palacio Sara Braun. Die reiche Witwe Sara Braun ließ sich das Gebäude zu Beginn des 20. Jahrhunderts mit vielen Baumaterialien aus Europa erbauen. Gegenüber findet man eine schöne Kirche, die Catedral del Sagrado Corazón.

Ein Spaziergang entlang der Promenade Costanera del Estrecho tat mir sehr gut. Obwohl es hier unfassbar windig war, hat man einen tollen Blick auf die Magellanstraße und Teile von Feuerland. An der Promenade stehen einige Denkmäler, unter anderem eines für die ersten Siedler. Hier kann man auch die Kolonien der Magellan-Kormorane sehr gut beobachten. An der Promenade kann man außerdem die vielen kleinen und großen Expeditionsschiffe sehen, die auf der Magellanstraße unterwegs sind. Vom Cruise Terminal hat man eine gute Übersicht über die verschiedenen Arten der Schiffe. Unbedingt besuchen sollte man den Mirador Cerro de la Cruz. Hierfür geht man die steilen Straßen hinauf und gelangt schließlich an einen eher unscheinbaren Aussichtspunkt, von wo aus man die gesamte Stadt überblicken kann.

Wer von der unendlichen patagonischen Weite genug hat, findet in der Einkaufsstraße Zona Franca alles was das Herz begehrt. Schöne kleine Geschäfte geben dem Viertel seinen eigenen Charme. Es wird viel Handgemachtes angeboten. Außerdem gibt es zahlreiche Einkehrmöglichkeiten und Pubs. Hier gibt es mit der „Cerveceria Austral" die südlichste Brauerei der Welt.

In Punta Arenas wollte ich eine Pinguinexkursion unternehmen und zur Pinguininsel Isla Magdalena fahren. Dort leben unzählige Magellanpinguine und brüten dort in aller Ruhe ihre Eier aus. Mit einem Boot fuhren wir von Punta Arenas etwa eine Stunde zur Insel und konnten dort auf einem Rundweg die Pinguine hautnah erleben.

Die Insel Isla Magdalena liegt 30 km nordöstlich vom Ausgangspunkt Punta Arenas und ist seit 1967 Naturschutzgebiet. Sie ist durch die chilenische Regierung speziell geschützt und ist ein „Monumento Natural Los Punguinos“. Die Isla Magdalena ist 85 Hektar groß und beheimatet etwa 140.000 Pinguine und unzählige Kormorane. Zum Schutz der Natur können Touristen nur einen Bruchteil der Insel entdecken und das auch nur auf einem speziellen Rundweg, der nicht verlassen werden darf.

Die Magellan-Pinguine kommen jedes Jahr im September auf die Isla Magdalena und bauen ihre Nester für die späteren Eier. Diese werden im Oktober gelegt und im November oder Dezember schlüpfen bereits die ersten Jungen. Schon zwei Monate später werden die kleinen Pinguine von ihren Eltern unabhängig sein. Von April bis September begeben sich die Magellan-Pinguine dann auf die Reise zum Atlantik oder Pazifik, um im September wieder zur einzigartigen Pinguininsel Isla Magdalena zurückzukehren.

Abbildung 24 Auf der chilenischen Insel Isla Magdalena gibt es unzählige Magellan-Pinguine

Doch zunächst schien mir auch auf diesem Ausflug das Wetter einen Strich durch die Rechnung zu machen. Trotz super Wetters sagte mir der Tourguide in Punta Arenas, dass die Pinguinexkursion nicht stattfinden würde, da der Wellengang zur Überfahrt auf die Insel zu hoch sei. Ich überlegte, was ich stattdessen unternehmen könnte und der Touranbieter machte mir den Vorschlag, dass ich doch in einen Vogelpark in der Nähe von Punta Arenas mitfahren könnte. Ich überlegte und stimmte dem schließlich zu. Auch wenn es statt Pinguinen eben Vögel zu sehen geben sollte.

Als jedoch der Bus gerade ankam und mich abholen wollte, wurde von der Küstenwache der Meeresabschnitt zur Pinguininsel wieder freigegeben. Die Tour von Punta Arenas zur Pinguininsel konnte also doch starten, zwar ein paar Stunden später, aber immerhin. Also wieder Planänderung. Schnell buchte ich meinen Bus, der mich zurück nach El Calafate bringen sollte, um, da ich die Pinguin-Exkursion ansonsten nicht mehr geschafft oder alternativ den Bus verpasst hätte. Das war glücklicherweise trotz Sprachbarriere beim Umbuchen kein Problem und so freute ich mich wie ein Schneekönig, dass es endlich losging.

In Patagonien muss man definitiv damit rechnen, dass der ursprünglich geplante Ablauf oft durch die Wetterverhältnisse angepasst werden muss. Darauf hatte ich mich mittlerweile eingestellt und so freute ich mich umso mehr, dass ich die Pinguine nun doch hautnah beobachten konnte. Deshalb war ich schließlich nach Punta Arenas gekommen.

Auf der Isla Magdalena angekommen, steht man quasi mittendrin in der Pinguinkolonie. Die putzigen Tiere haben keinerlei Scheu und sind neugierig auf die Neuankömmlinge. Auf dem etwa einstündigen Rundweg in einem Teil der Insel konnte ich die Pinguine beim Brüten in ihren Höhlen beobachten. Sie haben immer ein Auge auf ihre Eier gerichtet, die sie besonders schützen. Auf dem halben Weg gelangt man zu einem kleinen Leuchtturm, dem einzigen Gebäude dieser Insel.

Ansonsten haben die Pinguine auf der Isla Magdalena immer Vorrang. Teilweise laufen sie direkt vor einem über den Weg. Berühren ist allerdings strengstens untersagt, auch wenn sie sehr nah an einem vorbeispazieren. Die Wahrscheinlichkeit die Magellan-Pinguine auf der Isla Magdalena anzutreffen ist in den entsprechenden Monaten sehr hoch. Die Pinguine lassen sich dank des abgegrenzten Rundwegs nicht sonderlich von den Menschen stören und fühlen sich anscheinend ganz wohl in ihrer Rolle. Wer kann schließlich auch den putzigen Pinguinen etwas Böses abgewinnen oder sie nicht süß finden?!

Es ist ein tolles Erlebnis, die Pinguine auf der Isla Magdalena in ihrem natürlichen Lebensraum zu beobachten. Auch wenn der Tourismus oft vor den Naturschutz gestellt wird, ist dies auf der Isla Magdalena nicht der Fall. Nur eine bestimmte Anzahl an Booten darf hier täglich anlegen. Die Guides erklären den Passagieren alles Wissenswerte über die Magellan-Pinguine und ihren dortigen Lebensraum.

So erhält man den Eindruck, dass die Touristenströme auf der Isla Magdalena ausbleiben und die Mitreisenden ein Gespür dafür bekommen, wie man sich hier richtig zu verhalten hat, ohne den Pinguinen ihren Lebensraum zu nehmen. Gleichzeitig kann man bei einem Naturschauspiel auf der Isla Magdalena dabei sein und einzigartige tierische Erlebnisse mit nach Hause nehmen.

Die Pinguine in ihrer natürlichen Umgebung und so nah zu beobachten, war wirklich eine wunderschöne Erfahrung, die ich nie vergessen werde. Auf dem Rückweg mit dem Boot fährt man, wenn es das Wetter zulässt, noch an der Isla Marta vorbei, auf der Tausende Robben ihr Zuhause haben. Auch diese Insel hat mich sehr beeindruckt. Hier kann man nicht aussteigen, sondern bestaunt die Tiere vom Boot aus. Dank des hohen Wellengangs wurde man auf dem Boot ganz schön durchgeschüttelt und vielen Passagieren war danach etwas schlecht. Also nichts für schwache Nerven.

Einmal im Leben den Pinguinen so nahe zu kommen, war für mich schon lange ein Traum, der in Patagonien Wirklichkeit geworden ist. Hier merkt man, dass der Naturschutz und der Lebensraum der Pinguine sehr wertgeschätzt werden. Obwohl der Tourismus für diese Region um Punta Arenas sehr wichtig ist, achtet man darauf, dass die Touristen mehr über die vielfältigen Schutzmaßnahmen und das Verhalten der Tiere erfahren.

Von Puerto Natales fuhr ich weiter nach El Calafate und dort war das Abenteuer Patagonien auch schon wieder vorbei. Ich sah die Berge aus dem Flugzeugfenster ein letztes Mal in ihrer vollen Pracht. Mein Flug ging über Cordoba nach Iguazu zu den berühmten Wasserfällen und einem der neuen Weltnaturwunder. Von einem Highlight zum nächsten also.

Auf dem Flug, der mit einem Zwischenstopp in Cordoba einmal durch Argentinien führte, wurde ich erst einmal von meinem Sitznachbarn überrascht, der so breit war, dass er auch zwei Sitze hätte einnehmen können. Ich bin absolut nicht zimperlich und somit drückte ich mich weiter an das Fenster, um ihm zumindest das Sitzen zu ermöglichen. Nach kurzer Zeit landeten wir in Cordoba und ich freute mich auf einen Weiterflug mit etwas mehr Platz. Als ich aber in das Flugzeug einstieg, kam die böse Überraschung. Ich saß wieder neben dem etwas korpulenten Mann. Das kann doch nicht wahr sein. Ich machte mich schon etwas selbst über mein Pech lustig, aber so war das eben. Anscheinend hatten wir etwa zur selben Zeit eingecheckt und die gleichen Flüge gebucht. Glücklicherweise war der Flug nicht ganz ausgebucht, sodass der Mann sich kurz vor Abflug in eine leere Reihe setzen konnte und sich vielmals bei mir entschuldigte. Es war nicht sein Fehler, sondern einfach nur mein Pech. Lustig war die ganze Sache dennoch.

Am Flughafen in Iguazu wurde ich erst einmal von der Hitze übermannt und man sagte mir direkt, dass ich morgen doch lieber kurze Sachen tragen sollte. Da ich aus dem kalten Patagonien kam, hatte ich die Winterjacke dann auch schnell in den Tiefen meines Rucksacks verstaut. Erstaunlich finde ich auch, dass bisher noch nie mein Gepäck verloren ging und ich auf all meinen Reisen meinen großen Wanderrucksack oder meine Reisetasche wieder vom Gepäckband nehmen konnte. Das muss wohl Karma sein. Aber ich möchte es nicht beschreien.

Am nächsten Tag ging es zunächst zur brasilianischen Seite der Wasserfälle. Der Nationalpark liegt direkt im Dreiländereck von Argentinien, Brasilien und Paraguay und teilt damit die Grenzen ein.

Ein Panoramaweg führt erst oberhalb der Wasserfälle entlang, bevor er schließlich an einer Brücke endet. Auf der wird man zwar ordentlich nass, aber hier kommt man auch sehr nah an die Wasserfälle und das Panorama heran. Die Brücke führt quasi in die Wasserfälle hinein. Man steht mitten im Dunst der Wasserfälle und sollte auf seine Elektronik, die nicht nass werden darf, gut Acht geben. Definitiv ein Muss hier einmal hinüber zu spazieren und aufgrund der hohen Temperaturen war die kleine Dusche auch eine willkommene Abwechslung für mich. Leider war an diesem Tag ein nationaler Feiertag in Brasilien, sodass der Weg entsprechend voll war. Dennoch kämpfte ich mich allmählich nach vorne und stand letztlich an dem Punkt, wo man den Wasserfällen am nächsten kommt.

Ich entfloh den Menschenmassen und ging die paar Treppen nach oben, um von etwa 50 Metern Höhe eine großartige Aussicht auf die Iguazu Wasserfälle zu haben. Hier war gar nichts los und ich konnte den Blick ungestört genießen. Die Aussicht war umso grandioser und dazu wurde man hier auch nicht nass.

Am nächsten Tag war dann die argentinische Seite dran, die ich persönlich noch schöner und größer fand. Zunächst fährt man mit einer kleinen Bahn bis zum Endbahnhof und läuft etwa einen Kilometer bis zum "Great Devil", dem größten und imposantesten Wasserfall. Hier sind die Wassermassen gigantisch und auch hier wird man ordentlich nass. So ein Naturschauspiel hatte ich vorher noch nie gesehen. Zwar hatte ich mir bereits einige Fotos von den Iguazu Wasserfällen angeschaut, aber selbst einmal hier zu stehen und die Kraft des Wassers, welches mit tosenden Geräuschen etwa hundert Meter die Tiefe hinunterstürzt ist doch noch einmal etwas Anderes.

Abbildung 25 Die Iguazu-Wasserfälle von der brasilianischen Seite

Neben dem Weg zum „Great Devil“, auf dem ich besonders langsam lief, um die verschiedenen Tiere am Wegrand zu bestaunen, gibt es noch zwei weitere Rundwege, die sehr schön sind und die Wasserfälle immer von anderen Perspektiven zeigen. Der „Upper-Falls-Trail“ und der „Great-Devil-Trail“ sind daher sehr zu empfehlen.

Hier einen Blick für die Tiere zu haben, die hier überall vertreten sind, lohnt sich. So gibt es Affen, Nasenbären, Tukane, Schmetterlinge, Schildkröten, Fische und diverse Vögel zu beobachten. Die Nasenbären oder Affen sollte man auf keinen Fall füttern, da diese sich sonst zu sehr an die Menschen gewöhnen. Ich sah, wie eine Touristin einem Nasenbären die Chipstüte hinhielt und wollte gar nicht weiter hinsehen. Der Nasenbär biss in die Tüte und erwischte natürlich auch die Hand der Frau. Nicht umsonst standen im gesamten Nationalpark unzählige Warnschilder. Manche Menschen muss ich eben nicht verstehen…

Am Ende folgte wohl das Highlight dieser Tour, eine Safari durch den Dschungel und eine anschließende Speedboatfahrt direkt unter die Wasserfälle. Wer Adrenalin sucht, ist hier genau richtig. Zunächst wird man mit einem wasserdichten Packsack ausgestattet, der überlebenswichtig ist. Dann geht es auch schon los in Richtung der Stromschnellen, die schon eine Menge Spaß machen. Nach einem Fotostopp, bei dem die Handys nochmal ausgepackt werden konnten, mussten diese anschließend wasserdicht verstaut werden.

Jetzt ging es los und der Kapitän steuerte mit Vollgas auf die Wasserfälle zu. Ein riesen Spaß. Nach einer ordentlichen Dusche wurde das Ganze mehrmals wiederholt und mehrere Wasserfälle angefahren, bis auch der letzte trockene Teil meines Körpers durchnässt war. Das hat sich definitiv gelohnt und wird mir noch lange in Erinnerung bleiben. Und bei über 35 Grad kam eine kühle Abkühlung auch ganz recht.

Das einzige Problem war, dass auch meine Schuhe ordentlich nass wurden und am nächsten Tag auf dem Flug nach Rio de Janeiro noch feuchte Füße machten. Aber alles halb so wild, schließlich war ich nun am Ort des Fußball-Weltmeisterschaftssiegs 2014 angekommen!

In Rio de Janeiro lag mein Hotel direkt an der Copacabana, nur etwa 200 Meter vom Strand entfernt. Klar also, dass mein erster Weg dorthin ging und ich mich wie ein Kind freute, mit nackten Füßen den Strand entlangzugehen, während im kalten Deutschland der erste Schnee fiel. Ein Muss ist hier die Kokosnuss, die an allen Ecken für kleines

Geld gekauft werden kann und unglaublich gut schmeckt. Alleine das Öffnen der Kokosnuss mittels eine Machete war für mich total faszinierend. Schon bekam man die Kokosnuss mitsamt Strohhalm in die Hand gedrückt. Ich setzte mich damit in den Sand an der Copacabana und genoss einfach mein Leben. Später sprang ich ins Meer und konnte den berühmten Strand auch vom Wasser aus bestaunen. Gut, dass zu der Jahreszeit kaum etwas los war und ich die typischen Bilder von der überfüllten Copacabana aus meinem Gedächtnis entfernen konnte.

Kokosnuss, Sonne und Strand, mehr braucht man doch nicht und so genoss ich den ersten halben Tag in Rio. Abends ging ich hier nicht mehr hinaus, da überall davor gewarnt wird, im Dunkeln allein unterwegs zu sein. Auch sonst sollten die Wertsachen möglichst im Hotelsafe gelassen werden oder aber zumindest direkt am Körper getragen werden. Mir ist zum Glück am Tage nichts passiert und auch sonst fühlte ich mich alles andere als unsicher in Rio.

Am nächsten Tag nahm ich an einer ganztägigen Stadtrundfahrt teil und besichtigte die typischen Sehenswürdigkeiten. Am Cristo Redentor lohnt es sich, möglichst früh am Morgen zu kommen, da es dort noch nicht so voll ist. Um die gesamte Statue auf ein Foto zu bekommen, braucht man entweder ein Weitwinkelobjektiv oder man muss sich wie die zahlreichen Touristen auf den Boden legen. Wirklich eine lustige Szenerie, die sich hier abspielt, um das perfekte Foto zu schießen.

Von der Aussichtsplattform hat man einen tollen Blick auf die Stadt, den Zuckerhut, die Strände und das Maracana-Stadion. Dies besichtigte ich im Anschluss auch von unten, ebenso wie den imposanten "Sambadrome", in dem jedes Jahr groß Karneval gefeiert wird. Zwei riesige Tribünen lassen die Stadt an Karneval so richtig in Fahrt kommen. Es muss bestimmt ein tolles Erlebnis sein, an Karneval mit Tausenden Zuschauern und Aktiven in kunterbunten Kostümen.

Die Selaron-Treppe mit ihren bunten Farben und einzigartigen Details gefiel mir sehr gut. Man kann hier sicherlich unzählige Stunden damit verbringen, die einzelnen Gemälde auf den Fliesen zu bestaunen. Ich ging einige hundert Stufen nach oben und war fasziniert von der Kreativität und Vielfalt dieser speziellen Treppe. Der nächste Stopp war die Kathedrale in Rio, die an die mexikanischen Maja-Pyramiden angelehnt ist und etwas futuristisch wirkt im sonst so Favela-geprägten Rio.

Später fuhr ich noch mit der Seilbahn auf den Zuckerhut. Eine ebenfalls tolle Kulisse, die sich einem von hier oben bietet. Vom ersten Berg hat man bereits einen großartigen Blick auf den Zuckerhut, ehe man mit der zweiten Seilbahn direkt auf den eigentlichen Zuckerhut fährt und von hier aus die Strände und den Cristo Redentor sehen kann. Der Zuckerhut ist 396 Meter hoch und eines der Wahrzeichen Rio de Janeiros. Den Namen trägt er aufgrund seiner Form und aufgrund der großen Bedeutung des Zuckerrohrs für die Stadt.

Teilweise regte ich mich etwas über die Touristen auf, die ständig mit ihren Selfiesticks um mich herumwedelten. Dabei fiel mir auf, dass ich ja selbst einer war, aber mich schon gar nicht mehr als klassischer „Touri“ sah, sondern einfach nur als Weltreisende, die überall auf der Welt zuhause sein könnte. Ob ich mich jemals wieder als richtiger

„Touri“ sehen werde? Das bleibt auf jeden Fall abzuwarten.

An meinem letzten Urlaubstag machte ich einen ausgedehnten Strandspaziergang von der Copacabana bis Ipanema, konnte noch einmal das Meer genießen und eine Kokosnuss am Strand trinken. Ich ging noch etwas shoppen und genoss das brasilianische Flair. Am nächsten Tag flog ich über Lissabon wieder zurück nach Hause. Dabei legte das Flugzeug auf dem Flug von Lissabon nach Düsseldorf eine Vollbremsung beim Start ein, was mir leichte Bauchschmerzen bereitete. Zum Glück ging mit etwas Verspätung alles gut und ich landete wieder sicher in Deutschland.

Neben Gletschern, Pinguinen, Wasserfällen und Kokosnüssen habe ich auf der Reise so ziemlich alle Jahreszeiten erlebt, die es so gibt. Sommer in Rio, windiger Winter und Schnee in Patagonien und tropische Temperaturen in Iguazu. Drei Länder und Regionen, die unterschiedlicher nicht sein können.

In diesen zweieinhalb Wochen in Südamerika habe ich so viel erlebt, dass ich im Nachhinein wieder froh war, alles schriftlich in meinem Notizbuch festgehalten zu haben. Patagonien ist definitiv zu empfehlen, auch wenn das Preisniveau dem Deutschen sehr ähnlich beziehungsweise etwas höher ist. Dennoch ist die Natur unbeschreiblich und es gibt dort noch so viel zu entdecken, dass es sicherlich nicht das letzte Mal war, dass ich hier hingereist bin. Vor allem Wanderbegeisterte kommen hier voll auf ihre Kosten.

Die Iguazu Wasserfälle und Rio haben mir ebenfalls sehr gut gefallen, auch wenn es etwas touristischer ist und ich solch eine schöne Natur lieber mit weniger Menschen genieße. Trotzdem habe ich auch Rio in mein Herz geschlossen mit den leckeren Kokosnüssen, den weitläufigen Stränden und den netten Menschen, die auch hier unglaublich herzlich und hilfsbereit waren.

Ich empfehle nur, ein paar Brocken Spanisch und Portugiesisch zu lernen, da die meisten Menschen dort keinerlei Englisch können und ich mich im Hotel teilweise mit einem Internetübersetzer verständigen musste. Letztlich dauerte es zwar etwas, bis ich verstanden wurde, aber mit Händen und Füßen hat es dann schließlich auch immer funktioniert. Am Ende der Reise kannte ich immerhin die wichtigsten Begriffe wie „Toilette“ oder „Essen“.

Südamerika hat mir nicht nur aufgrund seiner Naturwunder sehr gefallen. Auch die Menschen waren stets sehr freundlich und hilfsbereit zu mir, trotz der sprachlichen Schwierigkeiten. Insbesondere die Argentinier und Brasilianer habe ich als sehr fußballverrückt empfunden. Als Deutsche in Brasilien, die seit der Weltmeisterschaft 2014 und der legendärer 7:1 Niederlage gegen die Brasilianer sicherlich keine Fans des deutschen Fußballs sind, hatte ich mit mehr Skepsis gerechnet.

Doch auch mit der brasilianischen und fußballverrückten Reiseleiterin auf der Tagestour durch Rio konnte ich mich gut über Fußball unterhalten. Sie machte bereits Scherze über das 7:1, sodass es über fünf Jahre später vermutlich fast verdaut ist. Aufgrund der gleichen Fußballverrücktheit konnte man direkt auf einer Wellenlänge kommunizieren und sie erzählte mir allerhand Wissenswertes über ihren Lieblingsclub Fluminense Rio de Janeiro. Sie zeigte mir das Stadion ihres Lieblingsclubs. Sie ist schließlich bei jedem Heimspiel im Stadion mit dabei. Am Abend spielte ihr Lieblingsclub und ich sah mir das Fußballspiel im brasilianischen Fernsehen an. Fußballverückte Frauen gibt es eben auch auf der anderen Seite der Welt.

Somit machten auch bei meiner Südamerika-Reise durch drei Länder die Menschen die Kultur aus. Fest steht, dass ich in Zukunft sicherlich weitere südamerikanische Länder bereisen werde, dann vielleicht mit etwas Spanisch- oder Portugiesisch-Kenntnissen, um mich besser oder überhaupt etwas verständigen zu können.

Abbildung 26 Der Cristo Redentor auf dem Berg Corcovado

Und dann war(en) da noch…

…der Träger, der mir am Kilimanjaro meinen Rucksack abnahm, obwohl er selbst schon über 30 kg trug.
…der Schlafsacktrick für Getränke in Nepal, um morgens nicht an Eis lutschen zu müssen.
…der Mann mit einer riesigen Nase in Budapest.
…die besondere Heiztechnik mit Yakdunk der Nepalesen.
…der Gleitschirmpilot, der mich fast zum Übergeben brachte.
…ein Bahnwaggon mit einem metergroßen Loch im Boden in Ungarn.
…der gefährlichste Flughafen der Welt in Lukla, alles easy.
…Live-Lagerfeuermusik im australischen Outback, ein Moment für die Ewigkeit.
…die Asiaten, die noch nie Gondel gefahren waren.
…die Sicherheitskontrolle in Atlanta, wo ich mich als Schwerverbrecher fühlte und abgeführt wurde, obwohl angeblich nur meine Fingerabdrücke im Reisepass falsch waren.
…der reißende Strom in Kroatien beim Canyoning, wo wir letztendlich mit einem Seil aus dem Wasser gezogen werden mussten.
…der schönste Campingplatz der Welt in den Everglades.
…der stets lachende Guide David, der meine Tansania-Safari unvergessen machte.
…die unsichtbare Tür, die meiner Mutter in Long Beach zum Verhängnis wurde und das ganze Restaurant anfing zu lachen.
…der Koala Hardy, der einfach nur zum Knuddeln war.

…die Gebetsmühlen auf dem Everest-Basecamp-Trek, die mir jedes Mal eine Freude gemacht haben.
…die Hunde in Patagonien, die mich treuherzig zum Busbahnhof begleitet haben.
…die menschenleere Stadt Dubrovnik während der Corona-Krise.
…der Muskelfaserriss in der Wade vom Fußball, der mir fast meine Kanada-Skireise gekostet hat.
...die Schildkröten, die mich auf Curacao anfangs erschreckt und letztendlich fasziniert haben.
…der Yeti-Schädel in einem nepalesischen Kloster, der von den Einheimischen dort verehrt wird.
…der Schlepplift für „Experts only“ in Lake Louise, den wir natürlich ausprobieren mussten.
…mein Vater, der im Türkei-Urlaub auf die Bühne geholt wurde.
…die Kakerlaken im Hotelzimmer in Cairns, echte Natur eben.
…mein Mann Kai, der auf dem letzten Teil zum Gipfel der Zugspitze partout nicht mehr weitergehen wollte.
…die Delfine in Portugal, die ich hätte berühren können, so nah schwammen sie neben unserem Schlauchboot.
…der Fahrradplatten, mit dem ich noch etwa 50 Kilometer auf dem Ruhrtalradweg nach Hause fahren musste.
…mein Vater der unbedingt auf dem Wanderweg „Stay on trail“ weitergehen wollte.
…der Internetübersetzer, der mir in den chilenischen Hotels eine Menge Kommunikation abnahm.
…der Sherpa Mingma, dem ich meinen BVB-Schal vermachte.

…die unzähligen Postkarten, die nie oder erst nach vier Monaten in Deutschland ankamen.
…mein treues Plüsch-Känguru „Kängi“, welches mich auf all meinen Reisen begleitet. Von wegen allein reisen…

Abbildung 27 Mein treuer Reisebegleiter seit ich denken kann: Kängi

Mutig sein

Fast alle Kontinente dieser Erde habe ich bereist, über 30 Länder besucht. Doch was bleibt von diesen Reisen? Wie veränderte sich dadurch mein Leben?

Fest steht, dass mich insbesondere meine Alleinreisen in ferne Länder und die damit verbundenen Abenteuer und Extremwanderungen sehr geprägt haben. Ich konnte mich nicht mehr auf meine Eltern oder jemand Anderen verlassen und die Organisation oder Kommunikation abgeben. Ich musste mich auf mich selbst verlassen und mir vertrauen. Zudem mutig sein und Ängste überwinden. Das hat mich nicht nur selbstständiger, sondern auch selbstbewusster und noch organisierter gemacht. Teilweise neige ich zum übertriebenen Organisieren, was in manchen Lebenssituationen auch nicht 100%-tig förderlich ist.

Durch meine Reisen habe ich gemerkt, dass ich gar nicht viel benötige, um glücklich zu sein. Die Technologie und der stets überragende Handyempfang sind im alltäglichen deutschen Leben zwar schön, aber wirklich glücklich macht mich die ständige Erreichbarkeit nicht. Auf das Fernsehen und selbst auf Fußballschauen kann ich verzichten. Auch das habe ich auf meinen Reisen gelernt. Natürlich ging der erste Griff nach zwölf Tagen ohne Handyempfang zum Smartphone, um die letzten Fußballergebnisse zu checken. Das wird mir aber auch keiner mehr austreiben können.

Sich wirklich nur auf sich zu konzentrieren, 24 Stunden alleine mit seinen Gedanken, Gefühlen und Ängsten zu sein, hilft, zu sich selbst zu finden. Vielleicht wird einem dann erst einmal klar, was einem im Leben wichtig ist.

Verzicht führt manchmal dazu, dass man das tägliche Leben viel mehr wertschätzt. Im Alltag ärgert man sich oft über belanglose Dinge, wie eben eine kaputte Speicherkarte oder eine teure Autoreparatur. Dabei können wir im Vergleich zu vielen anderen Menschen auf dieser Erde sehr angenehm leben, haben ein Dach über dem Kopf und eigentlich immer etwas zu Essen. Auf meinen Reisen habe ich viele Menschen getroffen, denen es deutlich schlechter geht als mir. Aber sie sind glücklich mit dem, was sie besitzen, oft gar nicht materieller Natur. Und sie lachen meist häufiger als die Menschen mit mehr Geld und Besitz. Wer ist also tatsächlich reicher?

Materielle Dinge sind ihnen nicht wichtig, für sie zählt die Gemeinschaft, in der sie leben und glücklich sein können. Für mich lösten diese Menschen auf meinen Reisen eine tiefe Zufriedenheit und Geborgenheit aus. Ich darf durch die Welt reisen, habe alles und noch viel mehr, als ich wirklich zum Leben brauche. Mir stehen alle Türen der Welt offen. Und trotzdem bin ich nicht glücklich? Warum eigentlich? Kann mein Leben immer noch besser sein, noch abenteuerlicher, noch spektakulärer?

Manchmal sollten wir uns meiner Meinung nach auf die einfachen Dinge konzentrieren und unser Leben glücklich schätzen. Man weiß eben nie, was das Leben noch bereithält. Ich jedenfalls habe für mich beschlossen, dass ich glücklicher sein werde. Ich werde mich nicht mehr über die Politik, defekte Smartphones oder schlechte Fußballergebnisse aufregen. Es bringt einfach nichts, außer, dass man schlechter gelaunt und nicht zufrieden ist.

Zudem verbanne ich das „Irgendwann“ weiterhin aus meinem Wortschatz. Das Leben ist einfach zu kurz, um

Abenteuer oder Träume aufzuschieben. Wenn ich in (hoffentlich) 70 Jahren auf mein Leben zurückblicke, möchte ich tausende schöne Erinnerungen sehen. Von Reisen in ferne Länder, Abenteuern und Naturwundern. Aber auch von Mutproben, Angstsituationen und Verzweiflung. Denn auch diese Momente machen das Reisen aus und liebenswert. Beim Reisen geht nie alles zu 100% glatt. Es gibt immer Situationen, mit denen man sich abfinden muss und die einen sehr fordern. Aber das sollte kein Grund sein, auf Abenteuer und all die schönen und einzigartigen Momente zu verzichten.

Auch Zeitmangel ist kein Grund das Reisen und seine möglichen Träume zu begraben. Mit wenig Zeit, Familie und Verpflichtungen kann man die Welt entdecken, wie ihr in meinem Buch gelesen habt. Das habe ich glaube ich bisher ganz gut hinbekommen. Ich möchte dir mit diesem Buch und seinen vielen kleinen Geschichten Mut machen. Sieh dein Leben positiv, sei glücklich und lebe deine Träume. Beginne seltener den Satz mit „Irgendwann", sondern habe den Mut es einfach zu machen. Damit deine Träume nicht Träume bleiben, sondern zu einzigartigen Erinnerungen werden. Denn die Welt wartet auf dich.

Danksagung

Der erste große Dank geht an meinen Ehemann Kai, der mich in all meinen noch so verrückten Vorhaben unterstützt, mich allein durch die Welt reisen lässt und immer an meiner Seite steht. Danke an meinen Lieblingsmenschen, die tollste Reisebegleitung, an meinen besten Freund und meine große Liebe.

Danke an meine Familie, die sowieso immer an mich glaubt. An meine Eltern, die mir die Reisen in meiner Kindheit ermöglicht haben und mir die Reisesehnsucht scheinbar vererbt haben. Die mich manchmal für verrückt halten, aber mich letztlich doch immer unterstützen, mich zum Flughafen fahren oder meinen Briefkasten leeren, wenn ich nicht da bin. An meine Geschwister, die, auch wenn wir früher öfter gestritten haben, immer an meiner Seite sind. Danke für die vielen gemeinsamen Reisen, von denen hoffentlich noch einige folgen werden.

Danke auch an meine Großmutter, die sich jedes Mal eine Menge Sorgen macht, wenn ich in der großen weiten Welt unterwegs bin. Ich weiß, dass sie sich unfassbar viele Sorgen macht und hoffe, dass ich sie mit meinen Postkarten und Bildern ein Stück weit mit auf meine Reisen nehmen kann.

Ein großes „Danke" geht auch an dich, denn du hältst mein Buch in den Händen. Danke für deine Unterstützung und dafür, dass du dir mein Buch ausgesucht hast. Ich hoffe, dass du durch meine Geschichten ein bisschen einsinken konntest in das Reisefieber, was mich seit Jahren packt. Vielleicht hast du ein paar Tipps für deine nächste Reise erhalten oder konntest etwas aus dem Alltag entfliehen. Wenn du Fragen oder Anregungen hast, freue ich mich auf eine Nachricht über Instagram an „welt_entdeckerin".

Wenn dir das Buch gefallen hat, lies es noch einmal, verschenke es weiter, erzähle anderen Reiseverrückten davon oder schaue einmal auf meinem Instagram-Profil „welt_entdeckerin" nach vielen weiteren Fotos meiner Reisen. Über eine Bewertung meines Buches freue ich mich ebenfalls sehr.

Bleibe neugierig und vergiss nie: „Irgendwann" ist keine Option!

Viele Grüße
Annika